U0024758

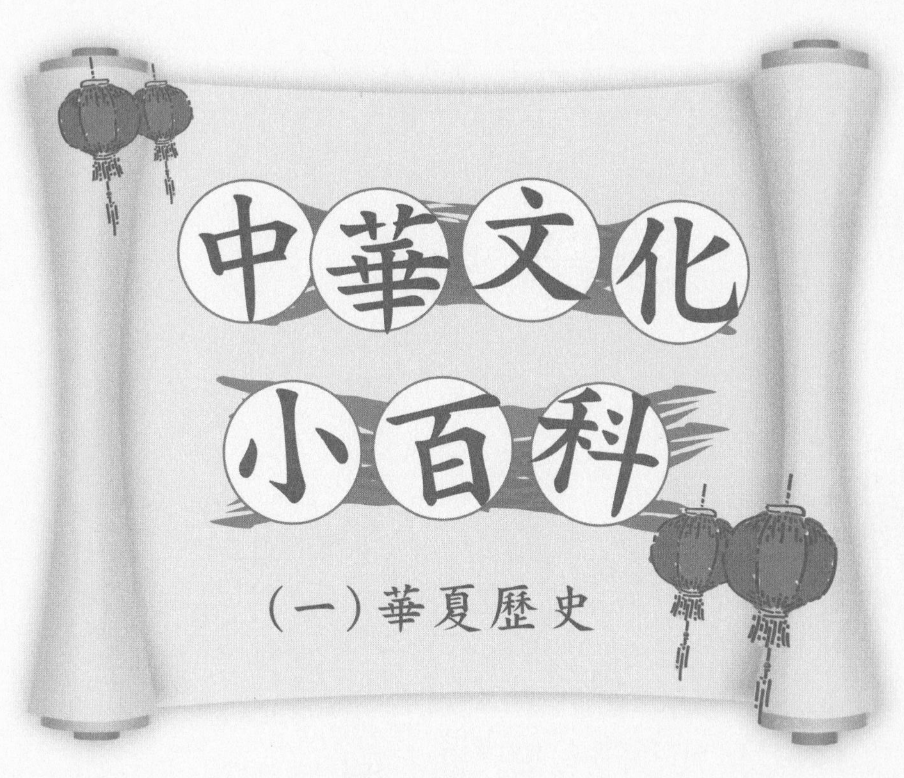

薛　斐　編著

前言

為什麼過年放鞭炮？為什麼重陽要登高？為什麼額前的頭髮叫「劉海」？為什麼亂塗亂畫叫「塗鴉」？……生活中，我們會遇到很多這樣的問題，乍一看平平常常，但要把來龍去脈說得明明白白，卻未必那麼簡單。

就像每一條溪水都有源頭，每一個今天的現象，都有歷史的影子。瞭解現象，探究過去，能滿足我們的好奇心；而一個「為什麼」的解答，會牽出新的「為什麼」，許許多多的「為什麼」，消長連綴，可照出整個中華文化的輪廓——我們願與讀者分享這樣的體驗：尋找，回答，聯想，生發。因此，我們推出了「中華文化小百科」叢書。

本套叢書本著知識性、趣味性、時代性的原則，專注於解答與中華傳統文化有關的問題，編寫時按照專題、領域進行分類，分別為華夏歷史、文化精華、衣食住行、民俗風情、多彩漢語，分輯推出。

叢書以「一問一答」的形式呈現。設問力求生動有趣、簡潔通俗，貼近當代讀者的閱讀需求。回答注重知識性與趣味性，語言風格明快活潑，不做繁瑣考究，適量引用古代經典，在原題的基礎上有所擴展。

問答配有插圖與圖註，讓讀者更直觀地瞭解相關的歷史文化知識。

生僻字詞標出中文拼音，配以簡註，幫助讀者掃清閱讀障礙。

本套叢書由精通中華文化、樂於分享知識的專業人士協力完成，感謝他們的辛勤努力。

目錄

1 中國歷史上在位時間最短和最長的皇帝分別是誰？

中國歷史上在位時間最短的皇帝是金昭宗，也稱金末帝。他名叫完顏承麟，女真名叫呼敦。

金哀宗統治時期，金朝已經四面楚歌、風雨飄搖。北邊蒙古汗國對它虎視眈眈，南邊的宋朝爲報靖康之恥與蒙古聯合，誓死要滅金。金哀宗不願做亡國之君，他勵精圖志，試圖挽回頹敗的局勢，但一切都是徒勞。

1234年二月的一個晚上，金哀宗召來統帥完顏承麟，對他說：「朕想將皇位傳給你。」完顏承麟惶恐地辭謝。金哀宗繼續說：「這實在是萬不得已的事情。蒙宋聯軍馬上就要打進城了，而朕又不善於騎馬打仗，只有以身殉國。而你有勇有謀，如果能突圍脫身，使國家得以延續下去，朕死也瞑目了。」聽了此言，完顏承麟只得答應。

第二天清晨，金哀宗正式宣佈傳位給完顏承麟。在舉行禪讓儀式時，宋軍已攻入南城，蒙古軍已攻破西城。完顏承麟在匆忙中完成登基大典，率兵投入巷戰。金哀宗在把玉璽交給完顏承麟後，獨自步入幽蘭軒自縊身亡。完顏承麟則率領金軍將士拼死抵抗，但最終突圍失敗，完顏承麟戰死在亂軍之中。

後據史學家推測，金末帝完顏承麟在位時間不足半天，還有一種說法是他在位時間不足一個時辰，也就是少於兩個小時。如此看來他確實是中國歷史上在位時間最短的皇帝了。

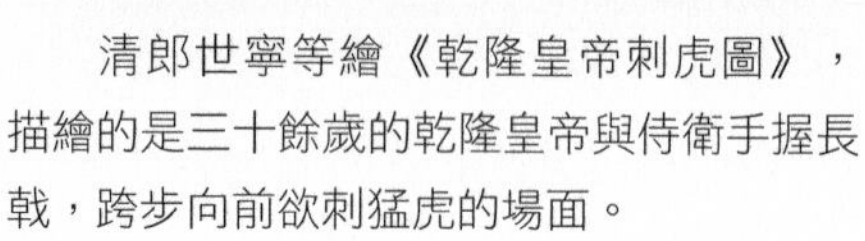
清郎世寧等繪《乾隆皇帝刺虎圖》，描繪的是三十餘歲的乾隆皇帝與侍衛手握長戟，跨步向前欲刺猛虎的場面。

康熙皇帝讀書像

關於中國歷史上在位時間最長的皇帝，有一種說法是康熙皇帝愛新覺羅・玄燁。他8歲登基，69歲辭世，在位61年。相對於金末帝，康熙是一位大有作爲的皇帝。他重視農業生產，使人民生活日益安定，清朝國力日漸強大；他勤謹理政，任用能臣，使清朝統治逐漸穩定；他平定了內亂，收復了臺灣，擴大了中國的疆域；他遏制了沙皇俄國的擴張，保護了中國的利益。中國歷史上最後一個盛世——康乾盛世的出現，是和康熙皇帝的這些功勞分不開的。

還有一種觀點認爲，中國歷史上在位時間最長的皇帝是康熙皇帝的孫子乾隆帝。理由是：乾隆皇帝25歲登基，在位60年後將皇位讓給了兒子嘉慶帝，自己又做了四年的太上皇，直到89歲才去世。而乾隆當太上皇時，嘉慶其實只是名義上的皇帝，一切政令措施還是要看乾隆的眼色行事。乾隆是無皇帝之名而行皇帝之實，如此算來乾隆做皇帝的時間應該是64年，比康熙多三年。特別是嘉慶即位改元後，全國上下應該統一使用嘉慶年號，可宮廷中還是用乾隆年號，如乾隆六十一年、六十二年。此外新皇帝即位後，錢幣應該改鑄「嘉慶通寶」，可那四年卻是乾隆、嘉慶兩個年號的通寶各鑄一半。

究竟康熙和乾隆哪個做皇帝時間最長，目前仍沒有定論。

2 中國歷史上即位年齡最小和最大的皇帝分別是誰？

東漢的殤帝是中國歷史上即位年齡最小的皇帝，他剛生下來一百天就當上了皇帝。

清代人所繪南朝宋武帝劉裕像

殤帝名叫劉隆，是東漢和帝與鄧皇后的兒子。和帝在世的時候，生了許多皇子，可大多都夭折了。和帝認爲這是宦官和外戚在謀害自己的兒子，便將剩餘的皇子都送到民間撫養。

永元二年（106）一月，漢和帝死了，鄧皇后因長子劉勝有病，不適合做皇帝，便將劉隆迎回皇宮，準備繼承皇位，劉勝則被封爲平原王。當時的劉隆出生只有一百天，還在襁褓中。

劉隆登基後改元「延平」，鄧皇后也升爲鄧太后，臨朝聽政。鄧太后首先針對社會的一些弊端進行調整、改革，另外她還重視農業，注意節儉，減省了巨大的財政開支。然而，八個月後，劉隆便死了，年齡還不足一周歲，因此他也是中國歷史上壽命最短的皇帝。

中國歷史上即位年齡最大的皇帝應該是武則天。690年九月，武則天廢黜自己的兒子睿宗李旦，登基做了皇帝，改國號爲「周」，史稱武周。此時，武則天已經67歲了，同時她也是中國歷史上唯一的女皇帝。

如果以男皇帝論，南朝宋武帝劉裕算是即位年齡最大的皇帝，他做皇帝時已經65歲了。劉裕是漢高帝劉邦的弟弟楚元王劉交的第二十一世孫，他在東晉爲官時逐漸掌握了大權，最終廢了東晉恭帝司馬德文，自立爲皇帝，國號大宋，定都建康（今江蘇南京），史稱劉宋。稱帝后的劉裕實行了一系列改革措施，進一步打擊了腐朽、沒落的貴族、士族勢力，改善了政治和社會狀況，奠定了南朝政治的雛形，被明代大思想家李贄譽爲「定亂代興之君」。

3 中國歷史上哪位皇帝擁有的皇子最多？

相傳周文王有100個兒子，其中99個是親生兒子，另外一個是義子。不過，這個數字只是傳說，沒有確切的歷史依據，因此不足信。

宋徽宗趙佶繪《芙蓉錦雞圖》（現藏北京故宮博物院）。全圖設色豔麗，繪芙蓉及菊花，芙蓉枝頭微微下垂，枝上立一五彩錦雞，扭頭回望花叢上的雙蝶，比較生動地描繪了錦雞的動態。這種表現形式在宋代花鳥畫中很流行。畫上有趙佶瘦金書題詩一首，並有落款。

歷史上有明確記載的擁有皇子最多的皇帝是南朝陳宣帝陳頊，他有42位皇子。陳頊是陳朝的第四位皇帝，他本是陳朝開國皇帝陳霸先的侄子，陳朝第二代皇帝陳世祖陳蒨的弟弟。陳蒨死後，他的兒子陳伯宗繼承皇位。當時陳伯宗年幼，他的叔叔陳頊便成爲輔政大臣。後來，陳頊以陳伯宗個性太軟弱，難以當大任爲由發動政變，廢了陳伯宗，自立爲帝。陳頊在位期間，興修水利，開墾荒地，鼓勵農業生產，社會經濟得到了一定的恢復和發展。但令他最出名的還是兒子最多。

擁有皇子第二多的皇帝是宋徽宗趙佶，他共有38個兒子。趙佶是哲宗皇帝的弟弟，曾被封爲端王。哲宗皇帝沒有兒子，死後只能從兄弟中找繼承人，於是端王趙佶才做了皇帝。徽宗在位期間，生活奢華，荒淫無度，他重用蔡京、童貫等奸臣惑亂朝綱。他還建立專供皇室享用的物品造作局，又四處搜尋奇花異石，勞民傷財。他信奉道教，自稱「教主道君皇帝」，大量興建宮觀。

徽宗在位時，北方的金朝不斷向南進攻，眼看都城就要失守，當了25年皇帝的徽宗大概出於私心，不願做亡國之君，便將皇位傳給了自己的兒子趙桓，自己稱「太上皇」。趙恒就是宋欽宗。

1126年底，金兵攻破北宋都城，徽宗和欽宗一起被金人俘虜，押到北方，北宋滅亡。

宋徽宗在北方被囚禁了9年，終因不堪精神折磨而死，享年54歲。徽宗被俘前生了32個兒子，被俘以後，又生了6個，加起來一共38個。

雖說徽宗做皇帝不在行，但他卻是一位優秀的藝術家。他自幼愛好書法、繪畫、詩詞、騎馬、射箭、蹴鞠。尤其在書法繪畫方面，更是表現出非凡的天賦。他創立了獨具特色的字體——「瘦金體」，同時他也是工筆畫的創始人。他的花鳥畫構圖獨特，將詩、書、畫、印完美地結合在了一起。

擁有皇子第三多的是清朝康熙皇帝，康熙帝一生共有35個皇子，但其中的15位在幼年便夭折了。康熙帝雄才大略，治國有方，開創了康乾盛世的局面。

4 爲什麼中國古代的一些朝代前要加上「東」「西」「南」「北」，比如「西漢」「東漢」「南宋」「北宋」呢？

中國歷史上的朝代，很多都有「東」「西」「南」「北」的前綴，比如「西漢」「東漢」「西晉」「東晉」「南宋」「北宋」等等。其實，這些前綴都是後人加上去的，爲的是區分相同國號的朝代，在當時並沒有這樣的稱呼。

劉邦建立的朝代叫「漢」，新莽政權被推翻後，光武帝劉秀建立的政權同樣叫「漢」。劉秀出身貴族，是劉邦的後裔，他延用「漢」這一名稱，以表示他所建政權的合法性。但後世人特別是史家在追述這兩個朝代各自發生的事件時就犯了難，因爲都稱「漢」，很可能出現表述不清的狀況。於是人們將劉邦建立的漢朝叫西漢，把劉秀建立的漢朝叫東漢。這是因爲劉邦定都長

位於陝西西安的漢長安城霸城門遺址，它是目前漢長安城十二城門中唯一保存尚好的城門遺址，至今城門兩側城牆殘高仍有10餘米。

安，劉秀定都洛陽，而長安在洛陽的西邊，這是以都城的地理位置來區分這兩個漢朝。當然，也有人稱劉邦建立的漢朝爲前漢，劉秀建立的漢朝爲後漢，這是從兩者建立的時間上來區分的。到了三國時期，漢皇室劉備以正統自居，建立的朝代名稱也叫漢，這次既不能再從都城位置命名了，也不能從時間上命名了，於是後人就以他政權所在區域── 蜀地作前綴，稱爲蜀漢。

其他有前綴的朝代大多與此相似，下面再舉幾個例子加以說明。

晉武帝司馬炎取代曹魏政權而建立晉朝，定都洛陽。後來，在北方遊牧民族的攻擊下，建都洛陽的晉朝亡國了，宗室司馬睿在大臣的保護下逃到南方即位稱帝，定都在今天的南京，國號也叫晉。後世爲了區別這兩個晉朝，就把定都洛陽的晉朝叫西晉，把定都在南京的叫東晉，因爲洛陽在南京的西邊。然而爲什麼不叫北晉、南晉呢？有說法認爲這是後人沿襲了「東吳西蜀」的說法，因爲三國時期孫權建立的吳國被稱爲東吳，都城也在南京，所以人們便將不久之後定都在這裡的晉朝稱爲東晉。

唐朝滅亡以後，中國經歷了五代十國時期，五代分別是梁、唐、晉、漢、周。但此前這些國號都已經存在過了，怎麼辦？後人根據它們建立的時間，爲朝代名加上前綴，稱後梁、後唐、後晉、後漢、後周，以示區別。

宋太祖趙匡胤靠「黃袍加身」建立的宋朝，定都在開封。後來，金兵南侵，宋朝迅速退敗，徽宗和欽宗兩位皇帝也成爲了俘虜。欽宗的弟弟趙構在南方被大臣擁立爲皇帝，定都在杭州，國號仍叫宋。因開封在杭州的北邊，所以後人就把趙匡胤建立的宋朝叫北宋，把趙構建立的宋朝叫南宋。這裡還需指出的是，早在南北朝時期劉裕就曾建立過一個宋朝，爲了與後來的北宋、南宋相區別，人們在「宋」前面綴以建立者的姓氏，稱其爲劉宋。

努爾哈赤統一女真各部時建立的國號叫「大金」，這是因爲努爾哈赤是女真族，與滅亡北宋的金朝是同族。後人爲區分這兩個政權，就按時間順序在努爾哈赤建立的金國前加個「後」字，稱爲「後金」。

總之，朝代前加「東」「西」「南」「北」「前」「後」等前綴，都是後人爲區別相同朝代名而加上去的。主要的根據有都城的不同位置、建立的時間先後、統治的區域、統治者的姓氏等。

5 你知道中國現存最早的一部歷史文獻是什麼嗎？

《尚書》是中國現存最早的一部歷史文獻。在《尚書》之前，據史料記載還有《三墳》《五典》《八索》《九丘》這樣的歷史文獻，可惜這些書都沒有流傳下來。

這個《尚書》之名可不是我們在電視劇裡常看到的吏部尚書、戶部尚書之意。「尚」在古代與「上」是同義字，可以通用，《尚書》實際就是「上書」，意思是上古的書。後因其被列入儒家經典，因此也稱爲《書經》。

這部上古之書究竟古到什麼時候呢？它所涉及的年代上起原始社會末期的堯舜時代，中間經歷夏、商、西周三

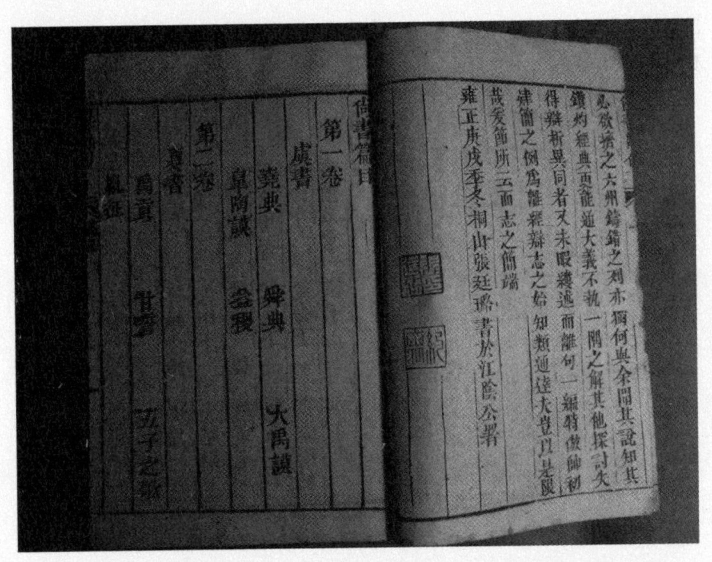

刻本《尚書》書影。從篇目看，它的內容起自堯舜時期。

代，一直到春秋前期的秦穆公時期，時間跨度大約在1400年左右。

從《尚書》的內容看，可將其分成三部分：最主要的部分是記錄古代帝王向臣下或民眾發佈的訓令和軍隊誓師詞。像《牧誓》一篇，記錄的就是歷史上有名的「武王伐紂」時，周武王臨戰前發表的一篇戰爭動員令，內容包括列舉商紂王的主要罪狀，如何列陣攻擊，如何對待投降的敵人，等等。其次一部分是大臣們向君王提出的建議和規勸，還有一小部分是遠古時代的傳說。

尚書古文疏證卷一　太原閻若璩百詩撰　平陰朱續晫近堂梓

第一

漢書儒林傳孔氏有古文尚書孔安國以今文讀之因以起其家逸書得十餘篇蓋尚書茲多於是矣又藝文志古文尚書者出孔子壁中武帝末魯共王壞孔子宅得古文尚書及禮記論語孝經凡數十篇皆古字孔安國者孔子後也悉得其書以考二十九篇得多十六篇安國獻之遭巫蠱事未列於學官楚元王傳魯恭王壞孔子宅欲以為宮而得古文於壞壁之中逸禮有三十九書十六篇天漢之後孔安國

清代考據學家閻若璩用了三十餘年時間，著成《尚書古文疏證》一書，考證得出東晉梅賾所獻《古文尚書》是後世偽作的定論，解決了千百年來中國學術史上的一大疑案。圖為《尚書古文疏證》內文書影。

如此看來，《尚書》主要記錄的是虞、夏、商、周各代部分帝王的言行，稱得上是中國最古老的一部「皇室」檔案集。

關於《尚書》的流傳過程，還有一段傳奇經歷。

相傳，《尚書》是由孔子編訂的，孔子在晚年將堯舜一直到秦穆公時期的各種文獻資料彙集在一起，精選出了一百篇編輯成書，並把它用作教材教育學生。

然而，秦始皇焚書後，《尙書》也出現缺失，西漢初年僅存有28篇。到了漢武帝時期，魯共王劉余拆毀孔子的住宅時，從牆壁裡發現了一部《尙書》，它比西漢初年時的《尙書》多了16篇。因爲西漢初年時的《尙書》是用漢代通行的隸書寫成，而劉余發現的是用漢以前的篆書寫成，爲了區別這兩種《尙書》，人們將前者稱爲《今文尙書》，後者稱爲《古文尙書》。後來，《古文尙書》失傳了。

時間到了東晉，有一位叫梅賾的大臣向朝廷獻上了一部據說是孔子的後裔——西漢人孔安國作注的《古文尙書》。然而，南宋初年，有些學者開始懷疑梅賾獻上的這部書的真假問題，因爲其語言風格不像周秦時代的文詞。後經過元明清學者的考證，最終認定梅賾所獻《尙書》是僞書。

總之，《尙書》保存了中國原始社會末期以及夏、商、周時期的珍貴資料，是研究先秦歷史的重要史書。

6 堯舜都將王位傳給賢能的人，而大禹卻將王位傳給自己的兒子，是大禹比堯舜心胸狹隘嗎？

大約四千年前，中國實行過傳為美談的「禪讓制」。當時，部落聯盟首領堯覺得自己年紀大了，便召集各部落的首領開會，讓他們推選繼承人。大家異口同聲地說舜賢能，於是堯讓舜協助自己執政20年，在處理政務方面得到了實際的鍛煉。堯死後，舜要把首領的位子讓給堯的兒子丹朱，但各部落首領都不同意。於是，舜當上了部落聯盟的首領。

堯舜在位時，遇到一個一直沒能很好解決的大問題，這就是水患。每當雨季，滔滔洪水淹沒了田地村莊，百姓的生命安全和莊稼都受到傷害。堯執政時，任用鯀治理洪水。鯀用堵塞的辦法想擋住洪水，但越堵水患越厲害。舜執政時，將鯀流放，並繼續尋找治水的人。此時，鯀的兒子禹被推舉出來。禹接受鯀的教訓，改用疏導的辦法，花了十幾年的工夫，終於解除了水患。

位於浙江紹興東南郊會稽山山麓的大禹陵，是4000多年前治水英雄大禹的葬地。大禹陵由禹陵、禹祠、禹廟三大建築群組成。圖為大禹陵碑亭，亭內立有明代紹興知府南大吉所書的「大禹陵」石碑。

舜年老的時候，禹因治水有功被推舉爲繼承人，從此禹就協助舜處理部落聯盟事務。17年後，舜死了，禹要將首領位子讓給舜的兒子商均，但各部落首領都不同意。於是，禹接替舜做了部落聯盟首領。

後來，到禹選定繼承人時，情況發生了變化。各部落首領推舉的繼承人皋陶先禹而死。大家又推舉伯益來繼承禹的位子。可禹卻不給伯益重要的事情做，而是暗中培植自己的兒子啓的勢力。因此，禹死後，伯益再效法堯舜讓位給禹的兒子啓時，各部落首領都不表示反對了，啓就順理成章地繼承了禹的位置，並開創了中國歷史上第一個奴隸制國家—— 夏。

可見，啓能登上王位完全是其父禹精心安排的結果，所以歷史上把這段故事叫「夏禹傳子」。這是因爲禹的胸懷比堯舜狹隘嗎？不是的。堯舜不是不想傳位給自己的兒子，而是條件還不成熟。堯舜禹時代，是中國原始社會的末期，堯舜禹等幾代部落聯盟首領，帶領眾人與大自然搏鬥，終於使部族有了剩餘財富。到禹的時代，剩餘財富更多了，將其據爲己有也不會影響部族的生存了，於是禹就有心將原有的氏族財產轉移給自己的兒子。從此「禪讓」制度就被「傳子」制度所代替，「天下爲公」變成了「天下爲家」。

7 商朝爲什麼總是遷都？

商朝有一個很特別的現象，就是頻繁遷都。商湯建立商朝時都城在亳（今河南商丘），其後經歷了五次大規模遷都：中丁遷都於隞（今河南滎陽北敖山南），河亶甲遷都於相（今河南安陽市西），祖乙遷都於邢（今河南溫縣東），南庚遷都於奄（今山東曲阜舊城東），盤庚遷都於殷（今河南安陽西北）。盤庚遷都到殷，商朝的都城才基本固定下來。

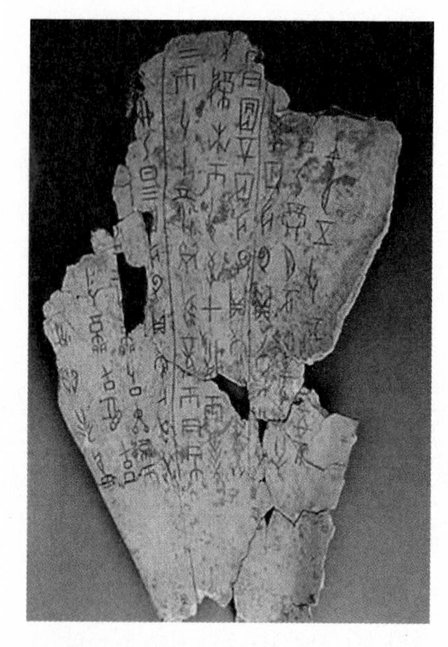

甲骨文是商代王室用於占卜記事而刻在龜甲和獸骨上的文字。1899年，清代著名金石學家王懿榮在北京家中發現了它。1908年，考古學家、文物收藏家羅振玉查訪清楚刻有文字的甲骨來自河南安陽殷墟（今河南安陽小屯）。

關於遷都的原因，主要有以下幾種觀點：「水災」說，「遊牧」「遊農」說，「去奢行儉」說和「王位紛爭」說。

「水災」說是從自然災禍方面去尋求商都屢遷的原因。但這一說法沒有十分堅實的材料做基礎，推理上也不成立，因爲商朝的幾個都城全在黃河兩岸，而且越遷離河濱越近，如果這種做法是爲了躲避水災，那也太令人難以置信了。

「遊牧」「遊農」說是從社會生產方面去探求原因。「遊牧」說認爲商人在盤庚遷殷之前還屬於遷徙無定的遊牧民族，到盤庚時才有了初步的農業，由遊牧經濟轉入農業經濟，因此有了定居傾向。然而，商代的甲骨文和後世的考古資料證明，商代建立時的經濟基礎已經是農業了，這種說法顯然站不住腳。

「遊農」說認爲商代的農業是原始農業，採用「火耕」的方法，就是把樹林燒平後，在灰燼上播種。他們既不知道灌溉，也不懂得施肥，一旦土地的自然力耗盡，便需改換耕地，因此不得不經常遷徙。但考古資料證明，商代前後期農業生產工具並未發生重大變化，不可能因農具的進步，突然停止「火耕」。

「去奢行儉」說和「王位紛爭」說是從社會政治方面去解釋商都屢遷的。「去奢行儉」說認爲抑制奢侈，宣導儉樸，藉以緩和階級矛盾，是商都屢遷的原因。這一說法多少有點合理成分。因爲《尚書》中《盤庚》三篇是保存下來的商王盤庚遷殷時對臣民的三次演講詞，將遷之時，他曾指責貴族中有貪求財富的亂政官吏；遷都後，他又告誡官吏不要積聚財物，應該施惠於民。但是，奢侈是統治階級的「通病」。不僅遷殷之時存在，遷殷之後照樣存在。爲什麼後來卻不遷了呢？看來這種解釋也缺乏說服力。

「王位紛爭」說認爲商朝前期曾有「九世之亂」，九代商王都因王位傳承問題發生過紛爭，其直接後果就是商朝王權削弱和貴族勢力膨脹。在當時的社會條件下，要削減貴族的實力，就要改變貴族的地利優勢，手段就是遷都，這成爲商王的戰略措施。然而，在盤庚遷殷後，商朝實行了固定的傳位繼承制度，王位之爭減少了，都城也就固定了下來。目前，這種說法被大多數人所認可，也是一個較爲合理的觀點。

8 中國歷史上第一位女將軍是誰？

中國歷史上有明確記載的第一位女將軍是婦好。她的名字和事蹟被記錄在了甲骨文上。

婦好是商朝國君武丁的妻子。武丁是商朝的第23位國君，據說他少年時曾遵從父親的命令到民間做事，就是體察民情。這期間，他與百姓一同勞作，一同吃喝，從而瞭解了民間的疾苦和勞作的艱辛。

武丁繼位後，勵精圖治，勤於政事，他任用工匠出身的傅說及甘盤、祖己等賢能之人輔佐自己，這使商朝的政治、經濟、軍事、文化得到了空前的發展。武丁也被稱爲「中興之王」。

特別值得一提的是，武丁時期是商朝武功最盛的時代。當時，土方等部族經常侵擾商朝的邊地，武丁採取各個擊破的策略，多次出兵回擊，並將其一一征服。此外，武丁還用了長達三年的時間平定了鬼方。這些對周邊方國和部族的戰爭，拓展了商朝的勢力範圍，促進了中原地區與周邊民族的經濟、文化交流。

就在武丁東征西討中，出現了中國歷史上第一位女性將軍，她就是武丁的妻子婦好。

據甲骨文記載，有一年夏天，商朝北方邊境發生戰爭，雙方相持不下，武丁的妻子婦好自告奮勇，要求率兵前往征討。在當時的社會，女性率軍出征是一件少有甚至不可能的事，這讓武丁很猶豫。最後通過占卜，得到吉利的徵兆，武丁這才決定派婦好帶兵出征。戰爭結果，商朝大獲全勝。

婦好墓中出土的玉鳳

武丁得到勝利的消息，十分高興，從此就讓他這位妻子擔任統帥。婦好也不負眾望，打敗了周圍二十多個獨立的小國。在戰爭中，婦好充分展示了自己的智慧和巾幗英雄的風範，像在與巴方作戰時，她率領軍隊佈陣設伏，截斷了巴方大軍的退路，等到丈夫武丁從東面擊潰巴方軍後，將其驅趕進自己埋伏的地區，予以殲滅。這場戰爭也成為中國戰爭史上最早的伏擊戰。

當時的作戰，限於環境、技術等因素，出動的兵力不會很多，有上千人參加的戰爭就算是大戰了。但是，根據記載，婦好攻打羌方的時候，一次帶兵就有一萬三千多人，這是迄今所見商代對外征伐中用兵最多的一次。

婦好不僅是一位女軍事家，還是一位女政治家。當時國家的大事主要表現在兩個方面，祭祀和戰爭。婦好在戰爭中發揮了自己的才智和才華，在祭祀中也有出色的表現。婦好有很高的文化修養，所以被商王武丁任命爲負責占卜的官員，她還經常受命主持祭天、祭先祖、祭神泉等各類非常重要的祭祀活動，並誦讀祭文。

可以說，商王武丁創造的中興局面與婦好的功勞是分不開的。因此，在婦好死後，武丁十分悲痛，他爲妻子製造了獨葬的巨大墓穴，還舉辦了隆重的祭禮，這在商朝是非常少見的。

婦好墓位於河南安陽境內，1976年被考古工作者發掘，它是殷墟唯一保存完整的商代王室墓葬，隨葬品極爲豐富，共出土青銅器、玉器、寶石器、象牙器等不同質地的文物1928件。

9 西周建立後將諸侯分封到各地，是因為都城太小沒有地方供他們居住嗎？

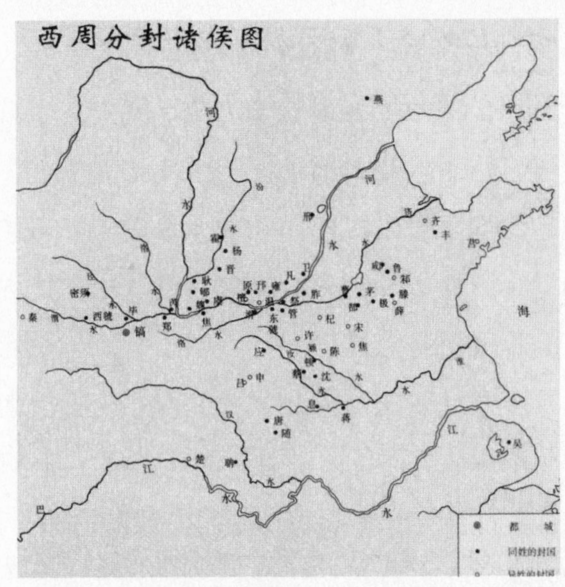

西周分封諸侯國示意圖。西周究竟分封了多少諸侯國，説法不一。《荀子》記載：周「立國七十一，姬姓獨居五十三人」。而見於《春秋》經傳中的諸侯國，據統計有一百七十餘個。

周武王伐紂取得勝利，建立了周朝，史稱西周。如何統治這個在當時看來如此廣大的疆域，周朝採取了分封制。所謂分封，也叫作「建國」，就是將除了周朝都城及周邊外的其他土地劃分為一個個諸侯國，讓周朝的同姓宗族子弟、異姓功臣宿將，以及神農、堯、舜、禹及商湯等先王的後代去治理，這些人被稱為諸侯王。像周武王的弟弟康叔被封在衛國，功臣姜子牙被封在齊國，夏禹的後代東樓公被封在杞國，等等。

諸侯王擁有諸侯國內的土地、人口，並掌握著行政、軍事、財政大權。當然，擁有權利的同時，他們還要履行相應的義務，那就是：向中央繳納貢賦，定期去朝見周天子，派兵隨從周天子作戰。周朝規定，如果諸侯王一次不去朝見，則降低他的爵位，當時，各諸侯王因為與周王室親疏遠近的不同，其爵位分為公、侯、伯、子、男五等；如果兩次不去朝見，則削減他的封地面積和人口數量；三次不去朝見，周天子就要率領軍隊前去討伐。可見，西周的分封制度是有一套完整而規範的體系的。

此外，在封國內，諸侯王同樣按照周天子的方式將封地劃分爲許多部分，分封給卿大夫，這叫作「立家」。卿大夫還可以把自己的領地分封給下面的士。士是分封制下最低的等級，因爲士的土地一般來說僅僅夠他養家之用，就沒有多餘的土地分給別人了。這樣，周天子—諸侯—卿大夫—士，就形成了一個金字塔式的等級結構。

由此看來，西周初年將諸侯王分封到各地並不是因爲都城太小不夠他們居住，這與此後皇帝將大臣驅趕出中央，貶謫或發配到邊遠地區完全不同。西周的分封是管理周朝統治的區域，鞏固周朝政權的必要手段。因爲，當時社會的發展水準還很落後，沒有今天這樣便捷的交通工具，更沒有先進的武器，這就使中央政府不可能隨時有效控制所統轄的地區，如果某一地方發生叛亂，周天子的軍隊無法迅速平定，造成的後果可想而知。而通過分封，這些問題都可以妥善解決。諸侯王聽命於周天子，中央與地方諸侯國的聯繫加強，周王朝的統治得以相對穩定。

然而，西周中期以後，分封制的弊端逐漸顯露。隨著周天子力量的衰弱，各諸侯王開始有了不聽從周王命令的行爲，諸侯王之間也開始因爲土地、人口等問題發生戰爭，周天子不能制止，只好任由其發展。由此導致了春秋戰國時期相互攻伐的亂局。

10 周幽王點燃烽火戲弄諸侯，爲的是換取美人褒姒一笑，他這算是不愛江山愛美人嗎？

西元前781年，周宣王去世，他的兒子繼承王位，就是周幽王。周幽王是個昏庸無道的國君，而且非常好色，後宮裡充斥著許多美女。大夫越叔帶勸他要多關注朝政。周幽王惱羞成怒，革去了越叔帶的官職，把他趕了出去。這事引起了大臣褒響的不滿，他來勸周幽王，周幽王一怒之下將褒響關進了監獄。

褒響在監獄裡關了三年，他的兒子爲了救父親，物色了一名叫褒姒的美女，獻給周幽王。周幽王很高興，當即下令放了褒響。

褒姒憑藉美麗的長相，得到了周幽王的萬千寵愛。然而，褒姒有一個毛病，就是總皺著眉頭，從來不笑。爲此，周幽王放棄了國家政事，一心只想著怎樣博得褒姒一笑。

奸臣虢石父出主意說：「依微臣之見，不如把烽火臺上的烽火點著，假裝有外族入侵，叫諸侯們上個大當。娘娘見了一定會笑的。」

原來，周朝爲了防備周邊少數民族的入侵，在驪山（在今陝西臨潼東南）一帶造了二十多座烽火臺，每隔幾里就是一座。一旦遇有敵情，白天

位於陝西西安臨潼驪山的烽火臺

則在烽火臺上施放濃煙，夜間則點火。鄰近的諸侯王看到有煙火，知道都城受到攻擊，就會率兵前來救援。虢石父就想利用這點，把諸侯騙來，戲耍他們一下，以換取褒姒一笑。

「果然妙計啊！」周幽王點頭說道，「傳令下去，點烽火。」

大臣鄭伯友聽到這個命令，大吃一驚，趕緊進宮求見：「大王，先王設立烽火臺是通知諸侯們來解救都城之急的。如今無故點火，戲弄諸侯，將來若京城真有事，再點烽火，諸侯恐怕就不信了。」

周幽王不耐煩地說：「如今天下太平，哪裡會有事？」

於是，烽火點了起來，鄰近的諸侯們見了烽火，趕緊帶著兵馬趕到京城。沒想到一個敵人也沒看見，只聽見奏樂和唱歌的聲音，他們這才知道上當了。

褒姒瞧見這麼多兵馬被戲弄得團團轉，不禁冷笑了幾聲。周幽王很高興，重賞了虢石父。

然而，沒過多久，西邊犬戎部落真的打到京城來了。周幽王趕緊命人把烽火點起來。烽火是點著了，諸侯們也看見了，卻沒有一個前去救援的。他們認爲這又是周幽王搞的把戲。最終，周幽王和虢石父都被犬戎殺了，褒姒也被擄走，西周宣告滅亡。於是，社會上開始流傳「烽火戲諸侯，一笑失天下」這樣的話。

周幽王烽火戲諸侯，不過是爲了尋歡作樂罷了，他對褒姒的寵愛，也並非今天意義上的真感情。但如果從當時西周政權搖搖欲墜的歷史情況看，它的滅亡已是必然，烽火戲諸侯只不過是在其滅亡過程中添加了戲劇性的一筆。

11 據說春秋時期著名的政治家管仲人品很差，爲什麼鮑叔牙還願意與他做朋友呢？

春秋時期，管仲和鮑叔牙是一對好朋友。年輕時，他們曾一起做生意，本錢幾乎都是鮑叔牙拿出來的，可是，賺了錢以後，管仲分得的卻比鮑叔牙還多。後來，管仲和鮑叔牙又一起到齊國從軍打仗，每次進攻的時候，管仲都躲在最後面；每次撤退時，他卻跑在最前面。

因爲這兩件事，大家都認爲管仲是個既貪小便宜又貪生怕死之人，在當時這被稱作「貪利」「不義」，是人品極差的表現。然而，鮑叔牙卻不這麼認爲，他向別人解釋說：「做生意時，管仲多分些錢是因爲他家裡很窮，又要奉養老母親；在戰場上，他躲在最後邊，逃在最前面，是要保住性命，也是爲了照顧母親。他這是孝順啊！」

當時，齊國政局很亂，爲避免殺害，齊公子糾與他的智囊管仲逃到了魯國，而另外一個公子小白則與他的智囊鮑叔牙投奔了莒國。

不久，齊國果然發生政變，國君被殺。公子糾和公子小白得到消息後，急忙動身，他們知道誰先趕回齊國誰就是國君。這時，管仲爲了讓公子糾當上國君，就在路上堵截小白。他假裝恭順上前拜見，然後猛然一箭射向小白，小白應聲倒下，口吐鮮血。其實小白並沒有死，管仲這一箭正好射到了他的腰帶鈎上，他咬破了自己的舌頭，爲的是迷惑管仲。管仲走後，小白日夜兼程回到齊國，繼承了君位，他就是歷史上著名的齊桓公。

齊國新君已立，此前輔佐公子糾的管仲則成了「俘虜」。鮑叔牙因爲輔佐有功，齊桓公想讓他當丞相，鮑叔牙卻說自己沒有這個能力，並對齊桓公說：「我向您推薦一個人，就是管仲。」一聽這名字齊桓公氣就不打一處來：「他差點殺死我，我現在還用他！你這是出於什麼考慮呢？」鮑叔牙回答：「管仲是治國的人才。當時他是爲公子糾效命，所以才暗殺您，一個人能忠心爲主人辦事，是忠於職守，如果您重用他，他也一定會像忠於公子糾那樣爲齊國效忠，而且他的才能遠在我之上。您如果想稱霸天下，沒有管仲的輔佐是不行的。」

最終，齊桓公不計前嫌，任命管仲做了宰相，而鮑叔牙則甘心做了他的助手。

在管仲和鮑叔牙的合力輔佐下，齊國很快就成爲諸侯國中最

位於安徽穎上縣管仲公園內的管鮑祠，是為了紀念管仲和鮑叔牙而修建的祠堂，始建于明萬曆六年（1578），後被毀，1986年重建。

強大的國家，齊桓公也成爲了春秋時期的第一位霸主。

管仲和鮑叔牙的關係，好比俞伯牙和鐘子期。鮑叔牙死後，管仲在他的墓前大哭不止，想起鮑叔牙對自己的理解和支持，他感歎說：「當初，我輔佐的公子糾失敗了，其他的大臣都以死誓忠，我卻甘願做階下囚。鮑叔牙沒有恥笑我沒有氣節，他知道我是爲了更大的抱負而不在乎一時的名聲。生養我的人是父母，但是真正瞭解我的人卻是鮑叔牙！」

後來，人們常常用「管鮑之交」來形容自己與好朋友親密無間、彼此信任的關係。

12 晉文公爲什麼流亡境外十九年才能回國，難道他遺失了護照？

春秋時期，晉獻公寵愛的妃子驪姬想把自己的兒子奚齊立爲太子，她想方設法陷害太子申生，最終晉獻公聽信讒言把申生殺了。獻公另外兩個兒子重耳和夷吾都感到了危險。

果然，不久，晉獻公就派軍攻打重耳的封地蒲城。重耳手下的謀士、武將都要誓死作抵抗，可重耳不願意與父親動武，決定出逃。

在趙衰、狐偃等人的陪同下，重耳到他外祖父的封地狄國避難，在這裡他一住就是12年。

這期間，晉獻公死了，他的兒子夷吾繼承了君位，就是惠公。惠公害怕重耳回國與自己爭位，便暗中派人行刺。重耳一行不得已又逃往衛國，衛國國君看他是個落魄公子，不肯接待，他們只好繼續出逃。走到五鹿這個地方，重耳饑餓難耐，就叫手下人向附近的莊稼人討點吃的。莊稼人從地上拿起一個土塊，調侃地說：「給，吃吧！」重耳很生氣，舉起鞭子就要打。狐偃急忙攔住，接過土塊說：「這是土地啊，百姓給我們送土地來啦，這是一個好兆頭啊！」重耳聽了，鄭重地接過土塊並將它收好。

重耳一行繼續奔走，爲的是尋找時機回到晉國。到了齊國，齊桓公客氣地接待了他們，送給重耳不少車馬和房子，還把本族一個姑娘姜氏嫁給了重耳。於是重耳有了從此住下去的想法。但姜氏和狐偃等人都認爲應該讓重耳回國成就事業，於是趁他喝醉時將其帶離了齊國。

重耳一行又到了宋國。宋襄公此時正在害病，實在沒有力量派兵送他回去。

北宋末南宋初畫家李唐繪《晉文公復國圖》（局部）。此圖繪於北宋末年，描繪了晉文公（重耳）流亡在外十九年，最終回國繼位的故事。

一行人輾轉到了楚國。楚成王想要和北方大國發展關係，所以把重耳當作貴賓，用對待諸侯的禮節招待他。於是兩人交上了朋友。有一次，楚成王開誠佈公地問重耳：「公子要是回到晉國，將來準備怎樣報答我呢？」重耳說：「要是我能夠回到晉國，並當上國君，我願意跟貴國交好。萬一我們兩國發生戰爭，在兩軍相遇的時候，我一定退避三舍。」三舍就是九十里。後來，晉楚真的發生了戰爭，重耳也兌現了這一諾言，這是後話。

這時，秦穆公派人到楚國要接重耳到秦國，然後護送他回晉國。原來，夷吾能當上晉國國君全靠秦穆公的幫助，誰知夷吾不領情，在秦國發生饑荒的時候不援助糧食，這使秦穆公非常惱怒。夷吾死後，秦穆公決定幫助重耳回國，讓他繼承君位。

西元前636年，秦國大軍護送重耳一行渡過黃河，流亡在外十九年的重耳終於回到了晉國，並登上君位，他就是晉文公。

看來，重耳流亡在外並不是遺失了護照，而是不得已的舉措。在春秋戰國之時，人們往來於各個國家是不需要什麼證件的。另外，像重耳這樣的貴族人物，身上往往會有印信以證明自己的身份，這樣他到任何一個國家基本都會受到禮遇。

13 孔子離開自己的祖國——魯國，周遊其他國家十多年才回來，他是為了遊山玩水嗎？

春秋末期魯國人孔子的祖上是宋國貴族，因政治變亂，遷居到魯國。年青時的孔子虛心好學，三十多歲時便以博學聞名。中年時，孔子因魯國內亂，來到齊國。他跟齊景公談了自己的政治主張，但沒被採納。後來，孔子不得不又回到魯國整理典籍並收徒講學，從而創立了儒家學派。

50歲時，孔子當了掌管刑罰事務的地方官，後來又升官當了主管司法的司寇。這期間，孔子幫魯國取得了外交上的勝利，齊景公決定把從魯國侵佔來的三處土地還給魯國，還將80名歌女送給魯定公。魯定公很高興，從此不再理國事。孔子想勸說，魯定公卻一直躲避。這件事讓孔子很失望。孔子的一位學生說：「魯君不辦正事，咱們還是走吧！」從此以後，孔子便帶著自己的一批學生周遊衛、陳、宋、蔡、楚等國。

孔子周遊這些國家，可不是為了遊覽名山大川、飽覽人間聖境，而是為了推行他的政治主張。他每到一國總要積極參與當地的政治活動，希望遇到賞識和信任自己的國君，實現自己的抱負。可是，在周遊列國的十多年中，孔子的理想從未實現，反而常常受到冷遇，甚至饑寒交迫。

有一次，孔子來到鄭國，和弟子們走散了，學生子貢向人打聽老師的下落，一個鄭國人說：「東門有個人，他的額頭長得像堯帝，脖子長得像舜帝的大臣皋陶，肩膀長得像我們鄭國的貴族子產，可是從腰部以下比大禹短了三寸，一副狼狽不堪的樣子，真像一條喪家狗。」子貢找到孔子，把這個人的話告訴了他，孔子自嘲地說：「他形容我的相貌，不一定對，但說我像條喪家狗，真是對極了！對極了！」

孔子在政治上不斷碰壁，這讓他感到自己的理想已無法實現。晚年的孔子受到魯國貴族季康子的禮聘，再次回到魯國，繼續從事整理和傳授典籍的工作。他編訂了《詩經》《尚書》《周禮》《樂經》《易經》《春秋》等著作，對中國的文化事業做出了巨大貢獻，被尊稱爲「國老」。

西元前479年，73歲的孔子去世了。他的弟子們輯錄其生前的言論編成《論語》一書。這不僅是一部儒家經典，更是研究孔子思想學說的重要資料。

位於山東曲阜孔林中孔子墓旁的子貢廬墓處。孔子死後，眾弟子為其守墓三年，而子貢自感哀思未盡，又獨自在此守了三年。後人為紀念此事，建屋三間，立碑一座，題為「子貢廬墓處」。廬墓，即守墓。

14 魏國信陵君讓魏王的寵妾偷竊兵符，難道他想奪取王位嗎？

現藏於陝西歷史博物館中的秦代錯金「杜」字銅虎符，製作極其精巧。

戰國時期，國與國之間兼併戰爭不斷發生。軍事力量強大的秦國不斷地向周邊國家發起進攻，吞併了不少土地，實力更爲強大。

西元前262年，秦、趙兩國在長平（今山西高平西北）展開大戰。戰爭歷時三年，結果趙國慘敗。

不久，秦國再次出兵包圍了趙國都城邯鄲。趙王見大勢不妙，急忙向臨近的魏國求救，魏王派晉鄙將軍帶兵十萬前往救援。

秦國得知這一消息，立即派遣使臣前去威脅魏王。魏王怕秦國會轉而攻打自己，只好讓晉鄙按兵不動。

趙王一聽魏國暫且觀望，連忙命弟弟平原君寫信給魏國公子信陵君求救。原來信陵君的姊姊是平原君的夫人，此舉是讓信陵君看在姊姊的份上發兵救救趙國。信陵君看了信急忙求見魏王，分析了趙國和魏國的依存關係。但魏王害怕秦國，仍不敢發兵。

信陵君見說服不了魏王，便想帶著自己的一千多名門客前去和秦軍拚命。養門客是戰國時期的一種社會風氣，爲的是幫助自己鞏固政治地位。此時，一位叫侯嬴的門客上前阻止說：「您率領一千多人和秦國大軍拚命，等於是白白送死。」這侯嬴原來是看大門的，已經七十多歲了，但信陵君對他非常尊重。

聽了侯嬴的話，信陵君反問：「那該如何是好？」侯嬴建議他去偷魏王的兵符，用兵符調動魏國軍隊，如此才能救得了趙國。

「兵符」是中國古代調兵遣將的信物。它由青銅鑄成，形狀像虎，所以又稱虎符。分成左右兩半，左半交給帶兵將帥，右半掌握在國君手裡。要調動軍隊時，國君將右半交給差遣的將領拿去和帶兵將帥手中的左半扣合，兵符上的文字互相對合完整表示命令可信，這才有權調動軍隊。

可如何拿到國君手裡的兵符呢？侯嬴建議信陵君去求如姬。如姬是魏王的寵妃，信陵君曾替她報了殺父之仇，她一直想找機會報答信陵君，這次正是報恩的時機。

果然，如姬順利地偷取了魏王的兵符，並交給信陵君。

信陵君到了軍中，驗合了兵符。但將軍晉鄙心中仍有疑慮，他決定問問魏王再出兵。隨信陵君一起來的門客大力士朱亥見此，舉起四十多斤重的大鐵錐砸向晉鄙，晉鄙當場斃命。

信陵君奪得兵權，挑選了八萬精兵直奔趙國邯鄲。平原君得到消息，率兵從城中殺出，兩軍內外夾擊，解了邯鄲之圍。

可見，信陵君竊符救趙之舉，並不是爲了謀權奪位，而是爲了幫助趙國解除秦國之患，同時確保魏國自身的安全。然而，魏王對信陵君的這一做法非常惱怒，信陵君也怕魏王報復，只好留在了趙國。

不久，秦國派大軍兵分兩路進攻魏國，魏國軍隊連吃敗仗。魏王不得不赦免了信陵君的罪過，並迎接他回國做了相國，爲自己出謀劃策。

15 齊國孟嘗君爲什麼要收留會學雞叫的人和偷東西的人做門客？

戰國時期，一些國家的重臣喜歡結交和收養有一定本領的人當「門客」，爲其出謀劃策，並借此提高自己的聲望，維護和鞏固自己的地位。於是社會上形成了「養士」的風氣。當時，齊國的孟嘗君、魏國的信陵君、楚國的春申君、趙國的平原君，收養的門客都很多，被稱爲「戰國四公子」。

孟嘗君是齊國的宰相，名叫田文，他的門客身份多樣，而且數量可觀，號稱賓客三千。

有一次，孟嘗君率領眾賓客出使秦國。秦昭王將他留下，想讓他當相國。孟嘗君不敢得罪秦昭王，只好留下來。

不久，大臣們勸秦王說：「留下孟嘗君對秦國是不利的，他出身王族，在齊國有封地、有家人，怎麼會真心爲秦國辦事呢？」秦昭王覺得有理，便改變了主意，把孟嘗君和他的賓客全都軟禁起來，只等找個藉口殺掉。

孟嘗君派人向秦昭王的寵妃求助。寵妃答應了，但條件是要用齊國那件天下無雙的白狐裘作爲報酬。這可讓孟嘗君爲難了，因爲他剛到秦國時，就把這件白狐裘獻給了秦昭王。就在這時候，有一個門客對他說：「我能把白狐裘偷來！」原來這個門客最善於鑽狗洞偷東西。

當天夜裡，這個門客借著月光，逃過巡邏人的眼睛，輕易地鑽進儲藏室把那件珍貴的白狐裘偷了出來。寵妃見到到手的白狐裘高興極了，想方設法說服秦昭王放棄了殺孟嘗君等人的念頭，並準備過兩天為他們餞行，送他們回齊國。

位於河南新安縣的函谷關遺址，目前僅存關樓、雞鳴臺、望氣臺等遺跡。其中雞鳴臺據説就是當初孟嘗君的門客學雞叫的地方。

孟嘗君怕秦昭王改變主意，不敢再等，便立即率領門客們連夜騎馬向東快奔。到了函谷關，正值半夜。秦國法律規定，函谷關每天雞叫時才開門，此時正是夜半，雞怎麼可能叫呢？大家正犯愁時，只聽見「喔，喔，喔」幾聲雄雞啼鳴，緊接著，城關外的雄雞都打鳴了。原來，孟嘗君的另一個門客善於學雞叫，而雞是只要聽到第一聲啼叫就立刻會跟著叫起來的。守關的士兵聽見雞叫，只得起來打開城關門，放孟嘗君一行出去。

天亮了，秦昭王得知孟嘗君已經逃走，立刻派出人馬追趕，但孟嘗君及手下眾人已經出關多時了。

孟嘗君就是靠著這樣兩位雞鳴狗盜之士才免於被殺，順利逃回了齊國。可見即使是有小本事的人在關鍵時刻也能派上大用場。

16 趙武靈王提倡穿少數民族的衣服，學習騎馬射箭，是因爲他喜愛穿衣打扮和遊樂打獵嗎？

趙國是戰國「七雄」之一，趙武靈王是趙國的第六位國君，他執政時推行胡服騎射，即穿少數民族的衣服，學習少數民族的騎馬射箭，這種做法可不是爲了穿著奇裝異服去打獵，而是勵精圖治，使國家強盛起來的方法。

原來，當時的趙國軍事力量不強，時常受到周邊國家的欺負，就連北方的林胡、匈奴等遊牧民族也時不時南下騷擾，實力較小的中山國也常依仗齊國的勢力前來進犯。趙武靈王意識到，這樣下去，趙國很快就會被兼併掉。要想使國家強大起來，必須

位於內蒙古包頭境內的趙國長城遺址。戰國時期，今包頭屬於趙國九原郡地界。位於陰山南麓群峰丘陵之中的趙長城，是趙武靈王勵精圖治、胡服騎射的改革成果。隨著趙武靈王在陰山南麓的開拓和移民，開始與漸漸強大、不斷南下的匈奴接觸，趙國防禦的辦法就是修建長城。

首先在軍事上進行改革。

中國古代把北方遊牧民族稱作胡人，趙武靈王發現胡人作戰時都是騎在馬上的，行動很靈活。反觀中原的趙國，作戰往往是用馬拉著戰車，速度慢還不靈便。而且趙國的士兵都穿著笨重的長袍甲胄，沒有上戰場就已經把自己累得不行了。

於是，趙武靈王決定用「敵人的方法對付敵人」，就是讓自己的士兵學著胡人的樣子，脫掉厚重的鎧甲，穿著胡人輕便的短衣長褲，騎在馬上打仗。

然而，這個看似平常的決定，卻遭到了眾多王公貴族的反對，特別是改換服裝一項，被認爲是大逆不道之舉，壞了祖宗的禮法，是將自己等同於野蠻之人。趙武靈王很冷靜，說：「禮制、法令都是爲適合時代的需要制定和設計的。服裝、器械只要使用方便，能打贏敵人，就不必死守古制。」說完，他帶頭穿起了胡服。眾王公見狀，只好依從。

西元前302年，這是趙武靈王在位的第24個年頭，他下令，軍隊實行胡服騎射。穿胡服在日常生活中也很方便，所以很快就得到全國百姓的回應，大家都改穿胡服了。

推行胡服的措施成功後，趙武靈王又親自訓練了一支強大的騎兵隊伍，改變了此前單純靠戰車和步兵作戰的方法。

實行胡服騎射的效果很明顯，趙國的軍事實力逐漸強大起來，不但打敗了前來侵擾的中山國，還攻破了林胡、樓煩等少數民族部落。

到了西元前299年，趙武靈王傳位給他的兒子趙惠文王，自己號稱「主父」，並率將士攻擊匈奴，佔領了今天內蒙古南部黃河兩岸的廣大地區，建立了雲中、九原兩個郡，又在陰山築長城以抵禦胡人。此時，趙國已成爲實力僅次於秦、齊兩國的軍事強國。

在趙國影響下，中原各國也陸續組建騎兵，推動了戰爭方式的變革。

17 越王勾踐睡在乾草上，每天舔一口苦膽，他爲什麼這樣跟自己過不去？

春秋時期，位於長江下游的吳國和越國相鄰，雙方小矛盾不斷，經常打仗。

西元前496年，吳王闔閭領兵攻打越國，被越王勾踐的大將靈姑浮用箭射中了大腳趾，古時的箭往往有毒，闔閭最終傷重不治而亡。臨死前，他再三叮囑兒子夫差「不要忘記越國的殺父之仇」。

夫差繼位後，發誓一定要消滅越國。三年後，他帶兵前去

越王勾踐劍（現藏湖北省博物館）。此劍1965年冬出土於湖北荊州附近的望山楚墓群中，劍上用鳥篆銘文刻了八個字——「越王勾踐，自作用劍」。專家通過對這八個字的解讀，證明此劍就是越王勾踐劍。

攻打越國，結果大獲全勝，越王勾踐被迫退居到會稽。此時，情況已經萬分危急，勾踐隨時可能丟掉性命。越國大夫文種想到了一個計策，他準備了大量金銀財寶和眾多美女，派人偷偷地送給吳國大臣伯嚭，讓他到吳王那裡爲越王求情。終於，夫差動了惻隱之心，答應了越王勾踐的求和要求。

勾踐投降後，帶著王后與大臣范蠡到吳國爲奴。勾踐夫妻倆住在夫差父親墓旁的石屋裡，做看守墳墓和養馬的事情。夫差每次出遊，勾踐總是拿著馬鞭，恭恭敬敬地跟在後面。吳國的百姓看了這場面，都指指點點地說：「快來看，這個人就是越王，現在落到這等田地，真丟臉啊！」勾踐很慚愧，恨不得找個地洞鑽進去。

此時，文種暗中繼續向伯嚭行賄，伯嚭被買通了，便勸夫差放勾踐回越國。夫差也覺得勾踐這人對他敬愛忠誠，而且憑他的力量對自己也構不成威脅，於是就把勾踐夫婦放了回去。

回到越國的勾踐放棄了舒適安逸的王宮，而是睡在柴草上，房樑上還拴懸著一隻苦膽，每天醒來的第一件事就是先嘗一口奇苦無比的苦膽！十年來，他雷打不動，天天如此。這可不是勾踐有自虐傾向，也不是他因在吳國受奴役而精神失常，他這是在時刻提醒自己不忘國恥，要發奮圖強，最終要滅掉吳國，報仇雪恨。

在大臣的輔助下，勾踐推行富國強兵政策。此外，大臣文種還不斷出使吳國，進獻財寶，用來麻痺夫差對越國的警惕。

經過十年的奮鬥，越國已經由弱國變成了強國。西元前482

年，吳王夫差率領著精銳部隊參加會盟，國中僅留下了太子和一些老兵。越王勾踐趁此時機攻打吳國，殺了吳太子。夫差得知這一消息倉猝返回，不得已與越國議和。

有了這次的勝利，更加堅定了勾踐滅吳的信心。不久，勾踐又帶領著三萬雄兵攻打吳國，吳王夫差被圍困在吳國都城西面的姑蘇山（今蘇州陽山）上，最終因羞愧而自殺，吳國滅亡。

勾踐終於洗刷了自己曾經的恥辱，他將吳國的版圖悉數併入越國。接著，他又率軍北渡江淮，與齊、晉等國在徐州會盟。後來，勾踐又讓周元王封他自己伯爵，他也因此成爲了春秋時期的最後一任霸主。

18 在「荊軻刺秦王」的關鍵時刻，是誰救了秦王一命？

戰國末期，秦國成為了戰國七雄中實力最強的國家。

西元前228年，秦國向東進犯，俘虜了趙王，下一個目標就是燕國。曾經在秦國做人質的燕國太子丹想出了一個不明智的辦法，他派荊軻做刺客，前去刺殺秦王嬴政，以解除亡國的威脅。

荊軻在出發前，做了三項準備。第一，他找到一名勇士秦舞陽，由他陪同一起出使秦國，協助他完成行刺任務。第二，秦國大將樊於期背叛了秦王逃到燕國，秦王一直想要他的項上人頭。荊軻說服樊於期自殺，他要帶上樊於期的人頭獻給秦王。第三，他帶上了燕國打算要獻給秦王的最肥沃的燕國督亢地區的地圖。這後兩項準備，當然是為了取信於秦王，而那卷地圖更有特

荊軻刺秦王畫像石

別的功用，這裡面藏著刺殺秦王的鋒利匕首，刀鋒上還塗了烈性毒藥。

西元前227年，荊軻和秦舞陽帶著事先準備好的東西出發了。包括太子丹在內的許多人都到易水河邊為他們送行，場面十分悲壯。「風蕭蕭兮易水寒，壯士一去兮不復還」，這是荊軻告別時所吟唱的詩句。

來到秦國後，秦王在咸陽宮隆重地召見了他們。秦王接見荊軻時，他的助手秦舞陽被秦王的威儀所震懾，也可能是因為心虛的緣故而大驚失色，這引起了秦王的懷疑。荊軻從容地解釋道：「山野之人，沒見過世面。」他叫秦舞陽退下。

荊軻雙手獻上樊於期的人頭，秦王很高興。

荊軻又說：「燕國要獻出大片土地求和，請讓我將隨身攜帶的地圖展開，指給秦王您看。」秦王更是興奮不已。

荊軻上前慢慢打開地圖，等地圖全部展開時匕首露出來了，荊軻拿起匕首一個箭步衝過去拉住秦王的袖子，他是想劫持秦王，逼他答應停戰條件。秦王扯斷了衣袖，掙脫而逃，荊軻窮追不捨，二人圍著柱子追逐。

當時，秦國的法律規定，在殿上只有秦王能佩劍，臣子們不能帶任何兵器；那些宮廷侍衛握著武器，都排列在宮殿的臺階下面，沒有君王的命令也不能上殿，所以都無法幫忙。在這危急之時，太醫夏無且將手裡的藥匣投出，並打中了荊軻，為秦王爭取了時間。

秦王的劍太長，一時拔不出來，有大臣喊，「王負劍」，就是讓秦王將劍背在背後拔出。秦王於是抽出了劍砍傷了荊軻的大腿。荊軻倒地後，舉起手中的匕首投向秦王，但沒有擊中。秦王又砍了荊軻八劍。

此時，荊軻自知行刺失敗，在劫難逃，他笑著說：「事情沒有成功，是因爲我不想殺你，而是想劫持你訂立盟約，來回報燕太子。」眾大臣侍衛隨後用亂刀將荊軻殺死了。

關鍵時刻太醫夏無且投擲藥匣，救了秦王一命。事後秦王賞他黃金二百鎰。一鎰相當於二十兩或二十四兩，是一筆不小的賞賜。

19 秦始皇大規模焚毀書籍還活埋儒生，他爲什麼要和讀書人過不去？

西元前221年，秦始皇統一六國，建立了第一個專制主義中央集權的統一多民族國家。接下來，他就要設法鞏固自己的統治了。

首先，他認爲自己的功績「德兼三皇、功蓋五帝」，所以創立了「皇帝」這一稱號，自稱爲始皇帝。於是「皇帝」便取代了「帝」與「王」，成爲對此後兩千年來中國封建社會最高統治者的稱呼。

秦始皇還設立了「三公九卿」的官僚體制。「三公」包括協助皇帝處理政務的丞相、掌管軍事的太尉、掌管文件並監督百官的御史大夫。「九卿」主要有掌管刑獄的廷尉、掌管財政的治粟內史、掌管稅收的少府等。三公九卿都聽命於皇帝，由皇帝任免，領取俸祿，不能世襲。皇帝獨攬國家的政治、經濟、軍事大權。

在全國範圍內，秦始皇確立了郡縣制度。把全國分成三十六個郡，設郡守、郡尉、郡監，分管一郡的行政、軍事和監察。郡下分爲若干縣，設縣令、縣尉、縣丞。縣下又分鄉、里、亭，把一家一戶的百姓編制起來，以保證稅收和監管。

然而，一次，在秦始皇宴請群臣的酒會上，博士淳于越出言反對郡縣制，說：不學習古人的分封制，國家不會長久。丞相李斯馬上站出來反駁他，說：以古非今是惑亂民心，我建議除了秦國歷史、醫藥、卜筮、種樹這種類型的書外，把民間的《詩》《書》、

位於陝西西安東郊韓峪鄉洪慶堡村的秦坑儒谷，這裡就是當年秦始皇坑殺儒生的地方。

諸子百家學說及秦國史以外的史書都燒了。秦始皇接受了他的建議，下令焚書，並禁止私人辦學，願意學習法令的，以吏爲師。

焚書的第二年，有方士（指古代好講神仙方術的人）盧生和侯生在背後譏諷秦始皇。秦始皇知道後大爲生氣，命人追查都城咸陽內的所有方士儒生，並親自爲其中的四百六十多人定了「妖言惑眾」的死罪，下令將他們活埋。這就是歷史上著名的「焚書坑儒」事件。

秦始皇如此和讀書人過不去，目的是爲了統一思想，鞏固秦王朝的統治。但這種做法是殘暴的，更是愚昧的。它不僅造成了中國古代文化典籍的毀壞和讀書人的心理恐慌，更加劇了階級矛盾和人民對暴政的不滿。更令秦始皇想不到的是，陳勝、吳廣、劉邦、項羽這些反對甚至推翻秦朝統治的領袖人物，也都不是讀書人。

20 秦代的趙高將一隻鹿說成是馬，難道古代的鹿和馬長得很像嗎？

趙高本是秦始皇的宦官。西元前210年，秦始皇在出巡的路上病死，趙高奉命替皇帝寫遺詔，內容是叫秦始皇的長子扶蘇到咸陽安葬他。秦始皇生前沒立過太子，只叫扶蘇一個人來奔喪，意思就是傳位給扶蘇了。

然而，丞相李斯和趙高都不願意讓扶蘇當皇帝，因為扶蘇有才能有主見，他們想立的是懦弱的幼子胡亥。因此，兩人聯手秘不發喪，加之秦始皇的印璽又在趙高手裡，於是二人利用這個有利條件，另外擬了一份遺詔，上面說：賜長子扶蘇自殺，立幼子胡亥為帝。

之後，李斯、趙高一行人用車裝著秦始皇的遺體回咸陽。當時天氣正熱，遺體已經發臭，為了掩人耳目，他們在旁邊的車裡裝了一車臭烘烘的鮑魚。

到了咸陽，胡亥即位，就是「秦二世」。趙高當了郎中令，即皇帝的侍從護衛，同時還掌管著皇室的飲食。不久，他又當上了丞相。

位於陝西西安曲江秦二世陵遺址公園內的指鹿為馬雕塑

秦二世是個暴虐又昏庸的人，只知道吃喝玩樂，朝政被野心勃勃的趙高把持。隨著勢力的膨脹，趙高居然盤算著要篡奪皇位。爲了測試一下自己的威信，找出那些不服從自己的人，趙高想出了一個手段。

一天上朝，趙高讓人牽來一隻鹿獻給秦二世，滿臉堆笑地對皇帝說：「陛下，我獻給您一匹好馬。」秦二世一看，便說：「丞相搞錯了，這是一隻鹿，你怎麼說是馬呢？」趙高嚴肅地說：「請陛下看清楚，這的確是一匹千里馬。」然後一轉身，用手指著眾大臣，大聲說：「陛下如果不信我的話，可以問問他們。」有些大臣心裡明白趙高的用意，便低頭默不作聲；有的害怕趙高的權勢，便點著頭說：「這的確是一匹千里馬！不是鹿！」然而，也有一些忠直的大臣，說：「這是鹿，怎麼能說是馬！」

事後，趙高通過各種手段把那些說了實話的正直大臣紛紛治罪，甚至斬首。

此時，陳勝、吳廣已起兵反秦，全國各地紛紛響應。趙高見此又搞了一次政變，廢了秦二世，並逼他自殺，立二世的侄子子嬰爲帝。但是，令趙高沒想到的是，子嬰即位不久，就設計殺了他，還投降了起義軍領袖劉邦。

其實，古代的鹿和馬根本不像，趙高指鹿爲馬，是別有用心，爲的是用權力來危脅大臣，使他們服從於自己。後來人們用指鹿爲馬形容一個人是非不分，顛倒黑白。

21 人們都說「鴻門宴」後天下大勢已成定局，一個飯局怎麼會有如此大的影響？

秦末，陳勝、吳廣起義軍失敗後，劉邦和項羽領導的兩支起義軍成了反秦的主力。

劉邦領兵一路向西，一路上採取收買秦將的方針，沒打什麼硬仗就攻下了秦朝的都城咸陽，子嬰投降，秦朝滅亡。而項羽則由南向北進攻，經過破釜沉舟的鉅鹿之戰，殲滅了秦軍的主力，隨後也進入函谷關，駐軍在鴻門（位於今陝西臨潼）。

劉邦、項羽此前曾約定，先入函谷關者稱王，但項羽哪裡肯讓「一介草民」劉邦站在自己的頭上。項羽的謀士范增對他說：「劉邦本是個貪財好色之徒，可他入關後對城中財物和婦女秋毫無犯，說明他是胸懷大志之人。目前你的軍隊四十萬，而劉邦只有十萬。不如咱們一鼓作氣進攻劉邦，不給他喘息的機會。」

項羽的叔父項伯聽到這個消息，偷偷跑到劉邦軍中，告訴劉邦的謀士張良，讓他快跑。這是因爲張良曾經對項伯有恩。

張良聽後立即去見劉邦，讓劉邦在項伯面前解釋：自己絕對沒有獨佔關中稱

位於陝西臨潼新豐鎮鴻門堡村的鴻門宴遺址

王的野心。項伯信以爲真，讓劉邦明日親自到項羽軍中謝罪。自己則先回去替劉邦說說好話。

第二天，劉邦帶著張良和大將樊噲，由一百騎兵隨行，來鴻門拜見項羽，向他謝罪服軟。

項羽設宴招待劉邦等人。席間，范增幾次示意項羽殺了劉邦，項羽卻猶豫不決。於是范增派項莊假借舞劍助興，尋找機會刺殺劉邦。項伯認爲劉邦沒有野心，不該殺，便假借舞劍，用身體保護劉邦。張良見情況危急，悄悄叫樊噲進來。樊噲佩劍持盾闖入軍帳。項羽見他形像偉岸，便賜給他酒肉。樊噲一面大口吃肉一面陳述劉邦的功勞，還指責項羽不應企圖謀害。項羽被說得啞口無言。

後來，劉邦藉口要上廁所，溜出了軍帳，沿著小路奔回了自己的大營，行前吩咐張良替自己辭行。

劉邦走了一會兒，張良才進去見項羽，說劉邦酒喝多了，先回去了，並把劉邦帶來的禮物── 一對白璧，獻給項羽，一對玉杯，送給范增。項羽笑納了白璧，而范增卻拔劍劈碎了玉杯，說道：奪走項王天下的一定是劉邦。我們這些人就要被他俘虜了！

范增估計得沒錯，鴻門宴之後，劉邦軍力逐漸壯大，最終垓下一戰，戰勝項羽，一舉奪得了天下。後來，人們常說「鴻門宴」項羽放走了劉邦，從此天下大勢已定，就是指劉邦大難不死，最終獲得勝利，建立了漢朝基業。

22 我們常說「成也蕭何，敗也蕭何」，這是爲什麼？

我們比喻一件事情的成敗、好壞都由一個人造成的，會說這事真是「成也蕭何，敗也蕭何」。蕭何究竟做了什麼好事，又做了什麼錯事，而給後人留下了這樣一句話？這要從一個叫韓信的人說起。

韓信年輕時家裡很窮，曾忍受「胯下之辱」。在秦末反秦的義軍並起時，他帶著寶劍投奔項梁，卻沒得到重用。項梁戰死後，他又到項羽手下做了一個小官，並多次獻策給項羽，結果都沒有被採納。

此時，韓信聽說劉邦任用賢能，便去投靠，結果也只做了一個管理倉庫的小官。這期間，韓信還犯了法，要不是有夏侯嬰的解救，他的這條命就算到此終結了。

位於陝西漢中馬道鎮的蕭何追韓信處。此處有一條小溪，叫寒溪，匯入褒河。當時，韓信跑到寒溪邊，因為漲水，擋住了去路，才使蕭何追上了他。

後來，一次偶然機會，韓信認識了劉邦的謀士蕭何，兩人很快便成了朋友。蕭何很賞識韓信，多次向劉邦舉薦，可劉邦絲毫沒有重用之意。

失望之餘的韓信再一次選擇了逃走。蕭何知道後，連夜將其追回。這就是歷史上有名的「蕭何月下追韓信」。蕭何的這一舉動讓劉邦以爲是蕭何自己要逃跑，大爲憤怒，但在聽了蕭何的解釋後，又大爲疑惑，問道：「那麼多大將都跑了你不追，偏偏追韓信這個無名小輩幹什麼？」蕭何將韓信的才能和智慧統統講述出來，最後終於說動了劉邦，任命韓信爲大將。

後來，劉邦在和韓信的交談中，發現他果然是個奇才，從此倍加信任。韓信也不負眾望，出謀劃策，東征西討，終使劉邦打敗了項羽，取得了天下。韓信因功被封爲楚王，成爲諸將領中功勞最大、才能最強、威望最高的大臣。

然而，不久，就有人告發韓信謀反，劉邦親自帶兵將他擒拿，還給他戴上了刑具。或許是出於韓信以往的功績，劉邦最後還是將他釋放了，不過貶爲淮陰侯。

韓信被削去了王位，心想自己爲漢室出生入死，最後卻落得如此下場，於是私下與代國相國陳豨聯繫，陳豨在北方舉事，韓信在長安響應。

後來，陳豨舉兵反叛。劉邦親自帶兵平叛，韓信稱病不出征。這時有人向呂后告發韓信準備謀反，呂后想把韓信召進宮來，又怕他不肯，於是命蕭何出面，因爲她知道蕭何的話韓信一定會聽。

最後，蕭何假稱北方傳回捷報，叛軍已敗，陳豨已死，請韓信進宮向呂后賀喜。韓信哪裡會想到曾極力舉薦自己而且一向過從甚密的蕭何會謀害自己。結果韓信剛入宮門，就被事先埋伏好的武士一擁而上，捆綁起來。呂后將他帶至長樂宮鐘室殺害了，並誅滅三族。

韓信的成功是由於蕭何的大力推薦，韓信的敗亡，也與蕭何有關。因此民間有了「成也蕭何，敗也蕭何」的說法。然而，推薦韓信是蕭何心甘情願而爲，讓韓信進宮則或多或少有呂后逼迫之意。

23 中國歷史上第一位把持朝政的皇后是誰？

漢高帝劉邦像

提到后妃專權，人們頭腦中第一個出現的人物往往是武則天。她不僅專權，而且最終登上了皇帝的寶座，成爲中國歷史上唯一的女皇帝。其實，武則天之前，很多皇后都有過把持朝政的行爲，只不過她們沒有自立爲皇帝罷了。

要說中國歷史上第一位把持朝政的皇后則非呂雉莫屬，她的丈夫是漢高帝劉邦。

當時擔任泗水亭長的劉邦去參加宴會，呂雉的父親十分欣賞劉邦的氣度，便將女兒嫁給了他。當時劉邦33歲，而呂雉年僅18歲。

呂雉嫁給劉邦後非但沒有享福，反而受了不少罪。劉邦先是參加起義軍南征北戰，後又與項羽進行楚漢戰爭。呂雉跟隨劉邦顛沛流離，聚少離多。有一次，劉邦的父親和呂雉從小路去找劉邦，正好遇上項羽的軍隊，兩人無奈成了項羽的俘虜，被迫成爲人質達二十八個月之久。

終於，劉邦打敗了項羽，登基做了皇帝，呂雉也順理成章地被封爲皇后。當時，劉邦對開國功臣心存疑慮，擔心他們會謀反，於是呂皇后爲丈夫出謀劃策，最終將韓信、彭越等功臣誅殺。此時，呂后已經逐漸掌握了朝中的權力。

劉邦死後，太子劉盈繼位，是爲漢惠帝。惠帝年幼仁弱，大權完全操控在呂后手中。爲剪除異己，呂后毒殺了趙王劉如意，砍斷了劉邦的寵妃戚夫人的手足，挖眼燒耳，給她吃啞藥，並置之於廁中，稱其爲「人彘」。

惠帝對其母親的殘忍手段非常不滿，從此便放棄處理朝政。不久，惠帝因憂鬱病逝，呂后立劉恭爲皇帝，自己臨朝稱制，行使皇帝的職權，成爲了中國皇后專政的第一人。後來，劉恭知道其生母是被呂后所殺，有所抱怨。呂后又殺了劉恭，立劉弘爲帝，呂后照舊臨朝聽政。

呂后執政時期，不遺餘力地迫害劉邦的子孫，目的是奪取他們的封地，用以分封她的娘家人，以壯大呂家勢力。直到病重之時，她仍沒有忘記封自己的子侄爲大將軍，以鞏固呂氏天下。

然而，當時的情況是朝中大臣對呂氏專權早有不滿，暗中合計如何誅殺呂氏。因此，呂后剛死不久，就發生了齊王劉襄發難於外，陳平、周勃響應於內，劉氏集團群起而殺諸呂的事件。最終諸呂紛紛被殺，呂后與外戚專權的時代也告結束。

司馬遷在寫《史記》時特別列了《呂太后本紀》一篇，本紀本應是記載帝王的傳記，他將呂后列入其中，正說明了在司馬遷心中呂后和皇帝已經無本質的區別。

24 漢文帝和漢景帝實行了什麼樣的統治措施，使漢朝成爲一個「快樂大本營」？

西漢建立之初，社會經濟一片蕭條。爲了快速恢復國力，發展生產，漢高帝劉邦實行了休養生息政策。所謂休養生息，就是獎勵農耕，減租減息，實行以農爲先的政策。

漢文帝劉恒繼位後，繼續推行休養生息政策。他進一步減輕田租，把原來的「十五稅一」改成「三十稅一」。漢景帝劉啓繼位後，把三十稅一確定爲一項制度。漢代除了田租以外還有人頭稅，景帝把原來的每人一百二十錢，減到每人四十錢。除了田租、人頭稅之外，農民的負擔還有徭役，就是強迫平民給官府從事無償的勞動。文帝時，把一年服役一個月改爲三年服役一個月，爲的是確保人民有足夠的時間種糧食。有一次，文帝想修一座露臺，讓工匠預算了一下，需要黃金一百斤，他果斷取消了這項工程，認爲這是勞民傷財之舉。

西漢文帝（左）、景帝像

在刑罰方面，文帝作了兩點改善。一是廢除了連坐收孥法，就是對犯罪人的一家老小不再一同治罪，對犯人的妻子兒女也不再罰做奴婢。二是廢除了肉刑，對應當在臉上刺字的犯人，改成男犯修城女犯舂米，應割去鼻子的犯人，改打三百杖。

文、景兩位皇帝「輕徭薄賦」「刑罰大省」的舉措，不僅使社會財富和政府收入大大增加，而且使人民的生活也得到了很大改善，特別是經歷過秦朝殘暴統治的百姓，的確感受到此時的社會是一個「快樂大本營」。

正如司馬遷在他的《史記・平准書》中說：文景時期，百姓若不遇水旱災害的話，完全可以自給自足。國家積累了大量的錢糧，京師的府庫存了幾萬貫錢，糧倉的糧食堆得放不下，陳舊的糧食都已腐爛而不能食用了。

25 中國歷史上最早作自我批評的皇帝是誰？

皇帝做自我批評一般稱爲「罪己詔」，就是自我反省罪過的詔書。

據史料記載，中國歷史上最早做自我批評的皇帝是漢武帝。他在西元前89年頒佈了一道《輪台罪己詔》，輪台是地名，在今天的新疆維吾爾自治區輪台縣。

此後，每當朝廷出現危機、國家遭受天災、政權處於危難時，皇帝都會頒佈「罪己詔」進行自省或檢討，並成爲了慣例。

漢武帝是一位雄才大略的君主，他在位期間數次大破匈奴，使其不敢南下侵擾；他遣使出使西域，並設立西域都護對此地進行管轄；他規定貨幣由國家統一製造，鹽鐵由國家壟斷專營，從而保障了國家財政的收入；他削弱王侯勢力，加強了中央集權，避免地方割據分裂；等等。

茂陵是西漢武帝的陵墓，位於陝西興平的茂陵村。它是漢代帝王陵墓中規模最大、修造時間最長、陪葬品最豐富的一座，被稱為「中國的金字塔」。

然而，到了晚年，漢武帝卻大搞迷信活動，並且花費鉅資，多次出遊，以誇耀自己的功績。爲了通神求仙，他聽信方士之言，造了30丈高的銅柱仙人掌，用以收集甘露，並和玉屑一起喝下，以求長生不老。

後來，漢武帝居然相信有人用巫蠱之術詛咒自己，於是他任用奸臣江充濫捕亂殺，最終釀成「巫蠱之禍」，逼死了太子劉據和衛皇后，受株連的有數萬人之多。等他明白過來時，悔之晚矣。

經濟上，由於連年對外用兵和肆意揮霍，導致國庫空虛。武帝想出出賣爵位和以錢贖罪的辦法來解決財政困難，這使吏治日趨腐敗，社會矛盾激增。加之廣大貧苦農民不堪官府和地主的雙重壓榨，接連爆發起義，並且愈演愈烈。

得知此情況的漢武帝對自己的所作所爲頗有悔意。西元前89年，大臣桑弘羊等人上書皇帝，建議在輪台駐紮兵力以防備匈奴，漢武帝駁回了他們的請求，並下「罪己詔」反思自己的過失，說：「朕自即位以來，幹了很多狂妄荒謬之事，使天下人愁苦，朕後悔莫及。從今以後，凡是傷害百姓、浪費天下財力的事情，一律廢止！」他承認了自己以往的行爲太不理智，害了天下百姓。

《輪台罪己詔》的發佈，使漢朝的統治方針發生了轉變，重新回到了與民休息、重視農業發展的軌道，從而避免了像秦朝那樣迅速敗亡的結局。

26 皇帝也可以假冒嗎？為什麼兩漢之間會出現一位「假皇帝」？

西漢和東漢之間有一個歷時16年的短命王朝—— 新朝，它的建立者王莽是以外戚的身份篡奪西漢帝位的。

王莽是漢成帝的母親王政君王太后的侄子，而王家在當時是很有權勢的外戚。王莽幼年喪父，王太后將王莽母子養在宮中。王莽孝順母親，尊敬嫂子，照顧侄兒，生活儉樸，平日博學多覽，手不釋卷。長大後，王莽進入朝廷中樞機構開始為官，他辦事認真，謙恭禮讓，聲望很高。

王莽時期鑄造的貨幣「金錯刀」。這枚刀幣，分為環柄和刀身兩部分，環柄為一方孔圓錢，環文上為「一」字，下為「刀」字，字陷處填以黃金。刀身上鑄有「平五千」三字，其中「平」是「值」的意思，即表示一枚金錯刀價值五千文銅錢。當然，實際上這種錢幣遠遠不值五千文銅錢的價值，發行這種貨幣實際上是王莽掠奪民間財富的一種手段，因此，遭到了民間的強烈抵制。

然而，就在為漢哀帝死後，王莽開始了他的騰達之路。先是王太后讓大臣推舉王莽為大司馬，領尚書事，這個官實際就是將國家的政權交他執掌。王莽則順勢立了年僅9歲的平帝，還把自己的女兒嫁給了他，從此國家大事便由他一人決定。

不久，王莽又被封為宰衡，地位遠在其他諸侯王公大臣之上。群臣又上書要求給王莽加封九錫，九錫是古代帝王對大臣的九種賞賜，有車馬、衣服、樂器、武士、弓矢等，這是對大臣的最高禮遇。王莽推辭幾次終於接受了，其實這一事件的幕後導演就是王莽本人，推辭無非是做秀罷了。

6年後，年僅14歲的漢平帝死了，王莽爲了避免年長的皇帝繼位後影響自己手中的權力，便選了一個兩歲的嬰兒爲皇太子，這就是孺子嬰。王太后藉口皇太子年幼，沒有能力執政，命王莽暫代天子攝理國家政務，稱「假皇帝」。這裡的「假」不是「真假」的意思，而是「代理」的意思。

有趣的是，西元8年，王莽篡漢自立，自稱「新皇帝」，完成了從一個「假皇帝」到「真皇帝」的轉變。

當皇帝後的王莽針對當時土地兼併嚴重，大批破產農民淪爲官私奴婢的現狀，打出了復古的旗號進行改革。王莽決定恢復上古時期的井田制，改叫王田，奴婢則改叫私屬，兩者都不許買賣。他還改革幣制，又把鹽、鐵、酒及山林川澤都收歸國有。

這樣的政策和措施顯然不符合實際，無論是貴族還是百姓都站出來反對，西漢末年日益激烈的社會矛盾非但沒有緩和，反而不斷加劇。

終於，以綠林軍赤眉軍爲主的農民起義爆發了。西元23年，綠林軍的一支勁旅攻入長安，長安城中年輕人紛紛響應，攻入皇宮殺死了王莽。新朝徹底滅亡。

27 班超爲什麼要出使西域？他出使西域一路上有什麼冒險傳奇經歷？

西域是指今天的巴爾喀什湖以東、南和新疆的廣大地區。西漢的張騫出使西域後，漢朝和西域各族的經濟文化交流日益密切，通商的「絲綢之路」自此開闢。

東漢初年，北方少數民族匈奴的力量日益強大，他們征服和控制了曾由西漢統治的大部分西域地區，「絲綢之路」也被阻斷。匈奴對西域地區的統治非常殘暴，西域各小國紛紛請求東漢政府出面保護他們。但此時光武帝劉秀剛剛建立政權，國家久經戰亂，實力還不夠強大，無力幫助西域各國反擊匈奴。

到了東漢明帝中期，東漢國力已逐漸恢復，解除匈奴對邊境的

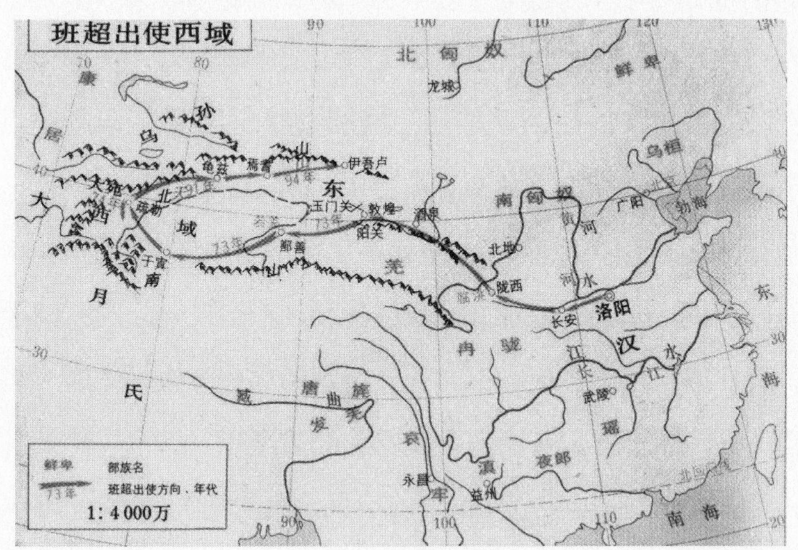

班超出使西域路線示意圖

危脅，恢復與西域各族人民的友好往來，便提到日程上來。

西元73年，車騎都尉竇固奉命討伐北匈奴，他的手下有一位叫班超的人作戰十分勇敢，立了戰功，很快就得到了竇固的賞識。原來，班超一家都是文人，他的父親是著名史學家班彪，他的長兄班固、妹妹班昭也都是著名的史學家，「二十四史」之一的《漢書》即成於二人之手。班超年輕時靠幫官府抄寫公文勉強過日子。但抄抄寫寫，不是他的志向。有一天，班超狠狠地將筆扔到地上說：「男子漢大丈夫，不應該在這裡抄抄寫寫，白白地消耗一生！」從那以後，班超就扔掉了手中的筆去參軍了。

不久，得到竇固賞識的班超奉命帶著36名隨從出使西域。一行人到了鄯善國，本來鄯善王要和漢朝修好，共同夾擊匈奴。但正好遇上北匈奴也遣使者來鄯善。鄯善王害怕北匈奴，對班超等人的態度從熱變冷。班超察覺出來，但不動生色，他連夜帶著隨從殺死了匈奴使者，鄯善王這才放心地歸附漢朝。班超這次出使西域，安定了邊防，受到了嘉獎。

後來，班超再次奉命出使西域，仍率原來的部下36人來到了新疆於闐。於闐王由此和東漢結交。接著，一行人又到了疏勒，疏勒王兜題不是疏勒本國人，班超順應民意廢了兜題，另立疏勒前王的侄子爲王，深得疏勒國人的擁護。

鑒於班超在西域的優異表現，朝廷任命他爲西域都護。在西域31年，班超幫助西域諸國平定了內亂，抵禦了強敵的入侵，最終使西域五十多個國家都歸附了漢朝，班超自己也實現了立功異域的理想。

值得一提的是，班超在西域進行的軍事活動，主要依靠的是當地兵力，幾乎沒動用中央政府的一兵一卒。他正確地執行了東漢王朝「斷匈奴右臂」的政策，自始至終立足於爭取多數，分化、瓦解和驅逐匈奴勢力，因而戰必勝，攻必取。

班超出使西域，不僅維護了東漢的安全，而且加強了東漢與西域各國的聯繫，爲中國多民族國家的鞏固和發展，作出了卓越貢獻。

28 中國歷史上第一位女歷史學家是誰？

要說中國的第一位女歷史學家則非東漢的班昭莫屬。

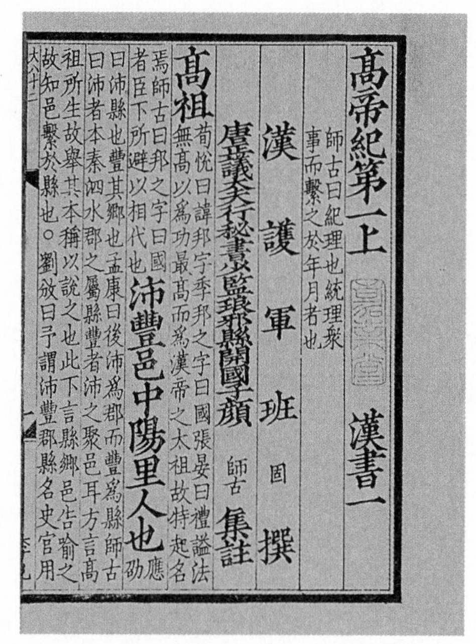

高帝紀第一上　漢書一

師古曰紀理也統理衆事而繫之於年月者也

漢　護　軍　班　固　撰

唐正議大夫行祕書少監琅邪縣開國子顏　師古　集註

高祖荀悅曰諱邦字季邦之字曰國張晏曰禮謚法無高以爲功最高而爲漢帝之太祖故特起名焉師古曰邦之字曰國者臣下所避以相代也沛豐邑中陽里人也應劭曰沛縣也豐其鄉也孟康曰後沛爲郡而豐爲縣師古曰沛者本秦泗水郡之屬縣豐者沛之聚邑耳方言高祖所生故舉其本稱以說之也此下言縣鄉邑告諭之故知邑繫於縣也。劉攽曰予謂沛豐郡縣名史官用

「二十四史」之一的《漢書》書影。《漢書》的作者雖然署名是班固，實際上應該有四位：班彪、班固、班昭、馬續。

班昭出生在一個書香之家，她的父親班彪是一位大文豪，同時也是歷史學家。她的兩位哥哥更加有名，一個是《漢書》的作者班固，一個是曾出使西域的班超。

這樣的家庭環境使班昭從小就受到了良好的教育，她學識淵博，而且很有文采，是當時有名的才女。14歲那年，班昭嫁給了同郡人曹世叔，生活十分美滿。

漢和帝時，班昭常被召進皇宮爲皇后及諸位妃嬪教授經史，宮中人都拜她爲師，稱她「曹大家」。「大家」是漢代關中地區對年長女子的尊稱，班昭此時已年近四十，又因爲學識淵博受到尊敬，所以才有此稱呼。

班昭之所以能以一位才女的身份成爲歷史學家，這還要從他的父親班彪寫史說起。

班彪曾做過小的地方官，後來因病被免，從此開始專注於寫史。因司馬遷的《史記》只寫到漢武帝時代，班彪便寫成「後傳」六十餘篇，爲世人所重視。

班彪死後，他的兒子班固接續了修史的工作，並根據其父所搜集的材料，按照《史記》的體例編撰《漢書》，就是整個西漢的歷史。然而，不幸的是班固因一宗案件受到牽連，死在獄中。此時，《漢書》還有八「表」和「天文志」沒有完成。

班固的妹妹班昭強忍悲痛，決心接過亡兄未完成的事業。其實，在班固活著的時候班昭就已經參與了《漢書》的編纂工作，這或許是她決定站出來繼續將此書寫完的原因。

當時的皇帝漢和帝也希望班昭能將此書續補完成，爲此他特別恩准班昭可以到東觀藏書閣參考典籍，還讓另外一個學問家馬續協助班昭。

終於，在班昭和馬續的合作努力下，中國第一部紀傳體斷代史——《漢書》完成了。這時候，班昭40歲。她是「二十四史」作者中僅有的女性，更成爲中國歷史上第一位女歷史學家。

和帝死後，因新皇帝年幼，由鄧太后主政，班昭則以師傅的身份參與國家大事，盡心盡力。一次，鄧太后的兄長大將軍鄧騭因母親過世上書乞求回家守孝，太后猶豫不決，便向班昭詢問。班昭認爲：「大將軍功成身退，正是時候；不然邊疆禍亂再起，如果稍有差遲，一輩子的英名都會付諸流水的。」鄧太后認爲此言有理，便批准了鄧騭的請求。

班昭死時年逾古稀，皇太后親自爲她素服舉哀，這是對她一生的肯定。

29 中國歷史上的將領往往有「常勝將軍」「飛將軍」等稱號，爲什麼東漢馮異卻被稱爲「大樹將軍」呢？

馮異是東漢開國名將，他自幼喜歡讀書，精通《左傳》和《孫子兵法》。之所以稱他爲「大樹將軍」，還要從其追隨劉秀南征北戰時說起。

「大樹將軍」馮異像

起初，馮異是在新朝王莽手下任職，然而他發現王莽的統治不得人心，於是產生了離開的念頭。他聽說當時的起義軍領袖劉秀舉止言談溫和而有遠見，於是就投奔了他。

當時，劉秀的哥哥被更始帝所殺，劉秀不敢表露出悲戚之情，因此常常一個人發呆，不吃不喝，夜裡偷偷哭泣。馮異知道後，便安慰劉秀，還說：「如今天下人因王莽而受苦，而且，更始帝手下的將領橫衝直撞，暴虐平民，走到哪裡搶到哪裡，百姓很失望。有桀紂之亂，就會見到商湯武王的功勞；人饑渴久了，就容易吃飽。您現在應當安民保境，提高威望。」劉秀深以爲然。

後來，王郎在邯鄲起兵，劉秀又遭重創，不得不馬不停蹄地東奔西突。當時天氣寒冷，將士都饑餓疲乏，馮異給劉秀端來一碗豆粥。第二天一早，劉秀對將士們說：「昨天喝到馮異給的豆粥，饑寒都解除了。」

正是由於馮異的謀略和對劉秀的照顧，最終劉秀率眾擊破王郎，平定河北，這是劉秀的根基，也是他將來統一天下最關鍵的一步。

雖然功勳卓著，馮異卻從不自誇。他爲人謙遜，在路上與諸將相逢時，他都會讓自己的車駕在道旁避讓。

每到一個新戰場，安營紮寨後，各位將軍就會坐在一起聊天，無非是宣揚自己又打了什麼勝仗，功勞有多麼大，目的是將來能夠得到更高的官爵和更多的賞賜。這時的馮異卻躲在大樹下面，一言不發，看起來是在乘涼，實際上是爲避讓戰功。時間久了，大家就給他起了個綽號叫作「大樹將軍」。這個綽號絲毫沒有貶損之意，反而是對他謙虛禮讓、保持低調的讚揚。

後來，馮異又幫助劉秀平定關中、隴右等地。在平定關中後，人們都稱呼馮異爲「咸陽王」，馮異怕劉秀起疑心，便上書解釋。劉秀回覆說：「將軍對於國家，義同君臣，恩如父子，我是不會懷疑你的，你不用怕，更不用解釋。」可見劉秀對馮異的信任之深。

劉秀登基做了皇帝後，封「大樹將軍」馮異爲雲台二十八將之一，可謂功成名就。後人在編《幼學瓊林》這一兒童啓蒙教材時，特別將馮異的事蹟寫出來：「漢馮異當論功，獨立大樹下，不誇己績。」

30 漢代最喜歡做買賣的皇帝是誰？

中國古代是一個重農抑商的社會，商人的社會地位很低，無論在穿著、住房、做官等方面都受到了嚴格的限制。然而，東漢有一位皇帝卻熱衷於當商人做買賣，他就是漢靈帝劉宏。

漢靈帝與其前任漢桓帝統治時期是東漢王朝最黑暗的時期，三國時期蜀漢丞相諸葛亮在《出師表》中提到劉備「歎息痛恨於桓靈」，就是指這兩個皇帝。

漢桓帝一生崇尚佛、道，沉湎於女色，信任宦官，任人唯親。當時人譏諷的「舉秀才，不知書；舉孝廉，父別居」就是這個時代發生的事。可見，這是一個江河日下、政權搖搖欲墜的時代。

漢桓帝死後，因為沒有兒子作為繼承人，皇后竇氏便將桓帝的堂侄劉宏推上皇帝的寶座，這就是靈帝，他當時只有12歲，竇氏及其外戚家族掌握了朝政。

靈帝即位時的東漢政局比桓帝時還要糟糕。統治集團內部宦官與外戚爭權奪利，再加上全國各地旱災、水災、蝗災頻發，民

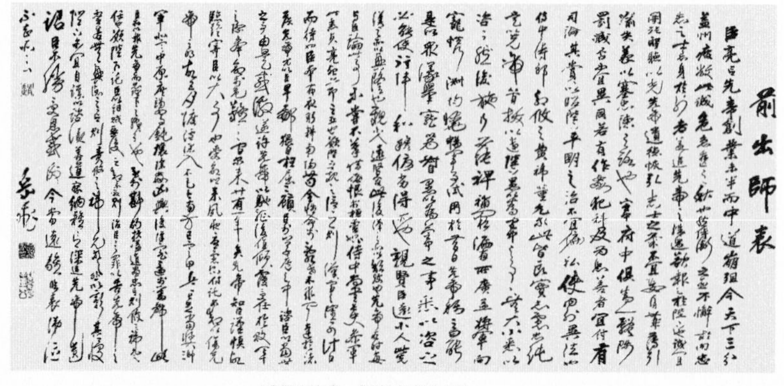

岳飛手書《前出師表》

不聊生，怨聲載道。

靈帝本人也是個昏庸無能的皇帝，他寵幸宦官達到了極點，甚至說出「張常侍（張讓）是我父，趙常侍（趙忠）是我母」這種荒唐話來。他更酷愛做生意，專門在後宮開闢了「宮中市」，仿造街市、各種商店。他讓大臣、嬪妃、宮女扮成買東西的顧客、集市上賣唱的人、演雜耍的人等，而他自己則扮成是賣貨物的大商人，和這些假冒的買主討價還價，不亦樂乎。

更可怕的是，靈帝居然把自己做買賣的愛好發展到了賣官鬻爵上，其後果之嚴重不堪設想。

靈帝開辦了一個官吏交易所，明碼標價，公開賣官。賣官所得錢款都流入自己的腰包。他還親自制定了一整套賣官的標準和規定，官位的價碼是依據官員的年俸計算的，而地方官的價碼要比朝官高一倍。這是因爲當時政治腐敗，地方官很容易從百姓那裡榨取錢財而不被官府追究。

後來，靈帝還變本加厲，連官吏的調遷、晉升或新官上任都必須支付三分之一或四分之一的官位標價。據統計，一名官員上任要先支付相當於他二十五年以上的合法收入。這部分錢自然不會出自這位官員自己的腰包，他上任後必然會從百姓那裡加倍索取。

在靈帝之前的一些皇帝，也曾有過賣官的現象，但都只是偶爾爲之，而且所得錢款一般都是充國庫急用。而到靈帝時，賣官不僅公開化，而且還具有制度化和持續性的特點。他公開做了七年的賣官生意，將官場搞得烏煙瘴氣，使原本就風雨飄搖的東漢王朝更是雪上加霜，最終引發了黃巾大起義。

31 東漢末年政壇、沙場、文壇的三棲明星是誰？

要說東漢末年馳騁於政壇、沙場、文壇上的三棲明星，則非曹操莫屬。

當時，軍閥董卓竊取了丞相位置，專權殘暴，引起各地豪傑的不滿和爭相討伐。曹操曾在董卓手下做事，但他看出董卓沒有前途，便加入了討伐他的行列。

隨著曹操勢力的逐漸壯大，他把漢獻帝迎接到許（今河南許昌東），從此「挾天子以令諸侯」，就是假借皇帝的名義發號施令，在政治上佔據了優勢。但曹操有著清醒的政治頭腦，在其有生之年，始終保留著漢獻帝這個傀儡皇帝的位置，自己稱臣做丞相。因爲這樣可以穩定政局，不讓自己背上篡權的罵名，爲他將來逐一消滅各路軍閥，統一天下做準備。219年，孫權寫信給曹操，勸他稱帝，企圖讓曹操激怒天下英雄，遭到討伐。曹操看穿了孫權的計謀，笑笑說：「這小子是想把

位於河南許昌漢魏故都內城西南隅的毓秀臺，它是漢魏故城遺址在地面的唯一實物遺存。東漢末年，曹操「挾天子以令諸侯」，迎獻帝自洛陽遷都到許，毓秀臺即是當時漢獻帝祭天之所。

我放在爐子上烤呀！」曹操還招募流民屯田，以發展生產，同時打擊豪強地主，減輕百姓的負擔。在用人方面，他提出「唯才是舉」的原則，不拘泥於出身和品行，只要有治國之術就量才錄用。由此，他網羅到一大批人才為自己效力。

曹操還具有很高的軍事才能。他喜愛鑽研兵書，仔細研究過《孫子兵法》。他反對刻板地運用兵書，主張隨機應變，克敵致勝。200年，他在官渡之戰中以少勝多，打敗了強敵袁紹，又在之後的大小戰役中消滅了北方的割據勢力，統一了北方。此外，曹操的軍紀嚴明也是出了名的。一次他的馬踩踏了百姓的莊稼，按照規定應該斬首，但在眾將士的勸阻下，曹操割斷了自己的頭髮以示懲罰。在中國古代社會，「身體髮膚，受之父母，不可毀傷」，曹操的這一舉動表明他嚴於律己，同時，也加強了軍隊的紀律性。「割髮代首」這個成語即由此而來。

曹操的詩歌既清新自然，又氣勢雄渾，而且敢於突破傳統詩歌形式的拘束。他的《龜雖壽》詩裡有這樣的句子：「老驥伏櫪，志在千里。烈士暮年，壯心不已。」正是他立志完成統一大業的寫照。他不僅自己創作詩歌，還很重視學術文化，淪落在匈奴十多年的女詩人蔡文姬，就是他費盡周折贖回的。他的兩個兒子曹丕、曹植，也都是當時的文壇健將。

由此看來，歷史上將曹操評價為傑出的政治家、軍事家、文學家，是很中肯的。

32 黃巾起義是怎麼回事？為什麼《三國演義》中的主要人物都是從剿滅黃巾軍起家的？

東漢後期，政治腐敗，宦官和外戚交替專權，所謂外戚就是皇太后、皇后、皇妃的家族親戚。加之豪強地主兼併土地，農民變為流民，小規模的起義不斷，遍及全國各地。

到了東漢末年，張角創立了道教中的一支—— 太平道，通過給人治病，在貧苦農民中宣傳原始道教的平等思想。十幾年後，他的信眾就發展到幾十萬人。張角還提出：「蒼天已死，黃天當立，歲在甲子，天下大吉」的口號，在群眾中廣泛流傳。這裡所說的「蒼天」就是指東漢朝廷，「黃天」是張角的自稱，或許因為太平道以「中黃太一」為至尊天神的緣故，「甲子年」就是西元184年。其目的就是要發動大規模起義，推翻腐朽沒落的東漢王朝，建立太平社會。

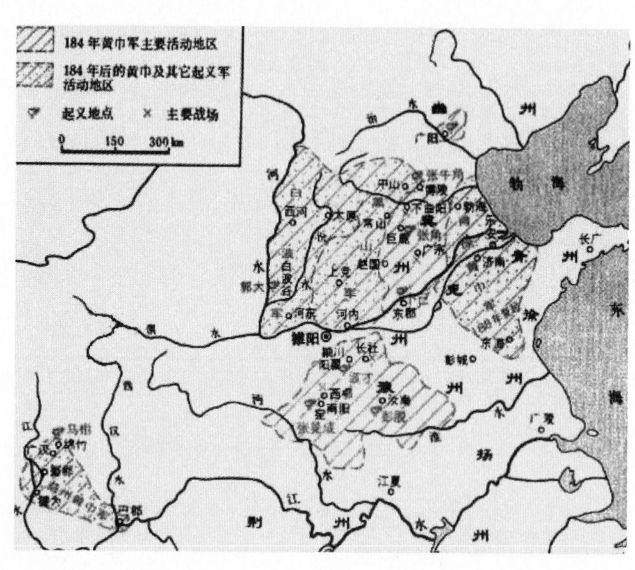

黃巾起義範圍示意圖。東漢末年，朝廷和地方政令混亂不堪，百姓生活困苦，終於引發了由張角等人領導的黃巾軍起義。在這次起義的沉重打擊下，腐朽的東漢王朝已名存實亡。

當時，就連漢朝宮廷中的衛

士和宦官都有信奉太平道的，並願意做內應。

但是由於有人告密，起義骨幹馬元義被捕殺，京城內被捕殺者多達一千多人。張角得知此情況，無奈之下連夜通知各地信徒提前起義。各地起義軍頭裹黃巾，人稱黃巾軍，規模很大，京師震動。

小說《三國演義》的開頭，講的就是黃巾起義這一段歷史。當時，冀州地區黃巾軍由張角、張寶、張梁三兄弟直接指揮，打敗了組織抵抗的盧植；穎川黃巾軍打敗了朱儁。穎川離東漢都城洛陽很近，皇帝急忙調皇甫嵩、曹操配合朱儁集中兵力攻打穎川起義軍。由於黃巾軍的主體是農民，組織不夠嚴密，加之在戰術和策略上普遍沒有經驗── 他們除了攻打官府，殺死官吏外，還攻打豪強地主和士家大族，這讓他們一開始就站在起義軍的對立面上，並配合官府消滅起義軍。穎川一戰，皇甫嵩借風勢火攻偷襲，朱儁、曹操乘機夾擊，起義軍大敗，損失了幾萬人。

大約十個月後，黃巾軍的主力被官府、豪強地主等的聯合武裝所打敗。張角也在這期間病死。分散在全國各地的小股起義軍則繼續戰鬥，持續了二十多年，最後才被鎮壓。

爲了消滅起義軍，漢靈帝接受大臣劉焉的建議，將州刺史改爲州牧，讓他們掌握地方的軍政大權，以便隨時調動軍隊與起義軍作戰。像劉備做了豫州牧，所以人稱劉備爲「劉豫州」。

然而，正因爲皇帝下放權力，使得地方州牧逐漸擁兵自重，形成割據一方的軍閥。他們之間相互爭鬥，最後就連皇帝也成爲了一顆棋子被軍閥曹操所挾持。

33 劉備三顧茅廬才將諸葛亮請出山，是因爲諸葛亮架子大嗎？

東漢末年，軍閥混戰。曹操通過官渡之戰消滅了實力強大的袁紹，基本統一了北方。孫權繼承了父親和哥哥開創的基業，割據江東，就是今天的長江下游南岸地區。而劉備雖是漢朝皇帝的遠親，在鎮壓黃巾起義中也發展起自己的一些力量，形成了一個規模不大的軍事集團，但他沒有固定的地盤，還遭到曹操追打，只好逃到荊州來依附劉表。

劉備知道要想在混亂的時局中立足，身邊一定要有能夠通曉天下、出謀劃策的人。而這個人在哪兒呢？

一次偶然的機會，他聽說荊州當地有兩個人很有才能，一位被稱作「鳳雛」，一位被稱作「伏龍」，得到他們其中的一人，就可以統一天下。「鳳雛」指的是龐統，而「伏龍」則是指諸葛亮。

位於湖北襄陽隆中風景區中的「古隆中」石牌坊。牌坊正中雕刻著「古隆中」三個大字，背面寫著「三代下一人」，意思是諸葛亮是夏、商、周以後出現的唯一的大人物，也是中華民族智慧的象徵。牌坊兩邊除鐫刻著杜甫「三顧頻煩天下計，兩朝開濟老臣心」的詩句外，還有摘錄自諸葛亮《誡子書》一文中的「澹泊明志，寧靜致遠」八個大字。

劉備手下的徐庶是諸葛亮的好友，他告訴劉

備：此人住在隆中（在今湖北襄陽），你必須親自去請，否則他是不會出山輔佐你的。

劉備是一位愛才之人，他親自帶著關羽、張飛兩員大將到隆中拜訪諸葛亮，可這一次偏偏趕上諸葛亮不在家。

不久，他們三人又冒著大風雪第二次前去拜訪，不料，諸葛亮這次又去出遊了。劉備只好留下一封信，表達自己對諸葛亮的敬佩和請他出山幫助自己挽救國家危局的意思。

過了一段時間，劉備準備再去拜訪諸葛亮。關羽提出了異議，認爲諸葛亮也許是徒有虛名，未必有真才實學。張飛卻主張由他一個人前去，如果諸葛亮不來，就用繩子把他捆來。劉備把張飛責罵了一頓，又和他倆第三次去拜訪。這次諸葛亮終於在家了，但時值中午，他正在睡午覺。劉備等人不敢打擾，便在外面等候。諸葛亮醒後，看到劉備如此誠心誠意，便請他到茅廬中就座。這就是「劉備三顧茅廬」的典故。

交談中，諸葛亮爲劉備分析了當時的天下形勢，提出聯合孫權抵抗曹操的策略。位於今天湖北省中南部的荊州，是古代軍事要地，位於今天四川一帶的益州有沃野千里，是經濟要地，而這兩州的主人都昏庸無能。劉備若能擁有這兩塊地盤，向北兩路出兵，就能完成統一全國的霸業。聽了諸葛亮的這番話，劉備心悅誠服，他邀請諸葛亮做自己的軍師。這番議論就是著名的「隆中對」。

不久，劉備在諸葛亮的幫助下，與孫權聯合，在赤壁之戰中打敗曹操。接著又先後佔據了荊州和益州。221年，劉備稱帝，國號漢，歷史上稱作蜀漢。

諸葛亮「隆中對」提出的設想一步步都實現了，可見他確實有卓越的眼光和見識，而劉備「三顧茅廬」，也爲自己留下了禮賢下士的美名。

34 西晉時期攀比之風盛行，你知道石崇和王愷是怎樣鬥富的嗎？

西晉司馬氏王朝是在豪強地主支持下建立的，因此這個政權處處縱容豪強地主的所做所爲，他們可以壟斷政治權力，肆意兼併土地，過著腐化奢糜的生活。加之晉武帝司馬炎生活荒淫無度，使得整個統治階層競相效仿，都以豪華奢侈爲榮。由此，互相攀比的社會風氣便成爲西晉貴族政治的一大特徵。

石崇與王愷都是西晉的官僚貴族，他們經常比闊鬥富。兩人都用最鮮豔最華麗的物品來裝飾自己的車馬和服裝。王愷家中洗鍋用飴糖水，石崇就命自家廚房的傭人用蠟燭當柴燒。

爲了炫耀，王愷在自家門前的大路兩旁，夾道四十里用紫絲編成屏障。石崇不服氣，便用更貴重的彩緞鋪設了五十里屏障。

此輪爭鬥落了下風的王愷向晉武帝求助，因爲他是晉武帝的舅舅。晉武帝便把一棵二

265年，司馬炎逼迫魏元帝曹奐將皇位讓給自己，改國號為晉，史稱西晉，司馬炎就是晉武帝。279年，晉武帝派兵伐吳，於次年滅吳，統一全國。滅吳後，司馬炎逐漸怠惰政事，生活日趨奢侈腐化。西晉的統一終歸曇花一現。圖為晉武帝司馬炎像。

尺來高的珊瑚樹送給王愷，這棵珊瑚樹枝條繁茂，世上很少見有和它相當的。

王愷把珊瑚樹拿給石崇看，石崇看了一眼，便拿鐵如意杖砰砰幾下，把這棵價值連城的珊瑚樹敲碎了。

王愷既生氣又心痛，說：「你妒忌我有好東西，也不必下此毒手吧！」

石崇平靜地說道：「你不值得發怒，我現在就賠給你。」於是他就叫手下的人把家裡的珊瑚樹搬來。家人一下子搬來七八棵，都有三四尺高，樹幹、枝條舉世無雙、光彩奪目。石崇對王愷說：「你隨便挑吧，像你剛才那個二尺高的，我家不計其數。」看來即使有了皇帝外甥的幫忙，王愷還是輸了。

這樣的攀比鬥富，榨取的全都是老百姓的錢財。像石崇做荊州刺史時，不光掠奪百姓，還劫掠商客。

底層百姓生活極度貧困，導致流民起義始終不斷，西晉這個短命王朝很快便被匈奴人滅掉了。

35 爲什麼說北魏孝文帝是對民族融合貢獻最大的皇帝？

中國是一個統一的多民族國家，民族遷徙、民族融合貫穿於整個歷史發展過程中。而要說對民族融合貢獻最大的皇帝，則非北魏孝文帝莫屬。

北魏是中國南北朝時期北朝的第一個政權，他的建立者拓跋珪是鮮卑族，如今這個民族名稱已經消失，這就是民族融合的結果。

孝文帝是北魏的第六代皇帝，名叫拓跋宏，他即位時才5歲，

北魏孝文帝拓跋宏在大臣的簇擁下前行。從圖中可以清楚地看出來，孝文帝和眾大臣已經身著衣袖寬大的漢服。

由祖母馮太后主政。馮太后是漢人，自幼喜愛讀儒家經典。孝文帝深受祖母的影響，對中原的漢文化有著深深的嚮往。

孝文帝親政後，便開始了他漢化改革的歷程。

第一項措施就是遷都。當時北魏的都城在平城（今山西大同），此地較爲閉塞，不利於與中原文化的交流，更不利於對中原地區的控制，因此，孝文帝決定將都城遷到當時中原地區的經濟、文化中心洛陽。

然而，這一決定卻遭到了鮮卑貴族的反對。孝文帝藉口出兵攻打南齊，親自率領步兵騎兵三十多萬南下。大軍行至洛陽，正值秋雨連綿，足足下了一個月，道路泥濘不堪，行軍十分困難。但是孝文帝仍舊下令繼續進軍。大臣們本來就不願意打仗，趁著這場大雨，便上前阻攔。孝文帝嚴肅地說：「這次我們興師動眾，如果半途而廢，豈不給後人留下笑柄？不南征也行，就得把國都遷到這裡。諸位看呢？」大家聽了，面面相覷。孝文帝接著說：「不能猶豫不決了。同意遷都的站左邊，不同意的站右邊。」這時一個貴族說：「只要陛下同意停止南征，遷都洛陽，我們也願意。」遷都之事就此定了下來。

後來，孝文帝還下令禁止穿鮮卑族的服裝，而一律改穿漢服。禁止說鮮卑族的語言，而以漢語爲通行的語言。凡是遷到洛陽的鮮卑人，一律以洛陽爲籍貫，死後必須葬在洛陽，不准歸葬在平城。改鮮卑姓爲漢姓，首先從皇室做起，如將拓跋氏改爲元氏，因此孝文帝也叫元宏。此外，孝文帝還下令禁止鮮卑族同姓通婚，鼓勵鮮卑族按門第與漢人結婚。這也率先從皇室做起，孝文帝娶了漢族大姓的女子做后妃，還爲他的五個弟弟娶了漢族女子做正妻，同時把自己的女兒嫁給了漢族大姓。

然而，漢化的過程並非一帆風順。孝文帝的太子元恂身體肥胖，洛陽的天氣比平城要熱，因此他常想北歸，加之他又不願說漢話、穿漢服，仍頑固地保持著鮮卑舊俗。一天，他趁孝文帝出巡時與左右合謀出奔平城。事發後，孝文帝急忙趕回，最終廢了太子元恂，並將其囚禁。這一「大義滅親」之舉顯示了孝文帝漢化改革的決心。

孝文帝以少數民族之身推行漢化改革，極大地推進了民族間的大融合、大發展，此後經過幾十年，中原的鮮卑等少數民族就基本與漢族人民融爲一體了。

36 南朝梁武帝貴爲皇帝，怎麼會被活活餓死呢？

南北朝時期，南朝梁的建立者梁武帝名叫蕭衍，他在南朝齊中興二年（502），強迫齊和帝把皇位讓給他，美其名曰「禪讓」。

在皇帝位置上，蕭衍起初還頗有政績。他勤於政務，不分春夏秋冬，每天五更天便起床批改公文奏章，有時候天太冷，把手都凍裂了。爲了廣泛聽取意見，他下令在宮門前設立兩個函，就是現代所謂的意見箱，一個叫謗木函，一個叫肺石函。如果功臣和有才之人沒有得到重用，就可以向肺石函裡投書信；如果一般的百姓想給國家提建議，就可以往謗木函裡投書信。

另外，蕭衍還很重視對官吏的選拔和任用，他要求地方的長官一定要清廉，並下詔書到全國，如果小縣的縣令政績突出，可以升遷到大縣裡做縣令。大縣縣令有政績就提拔到郡中做太守。

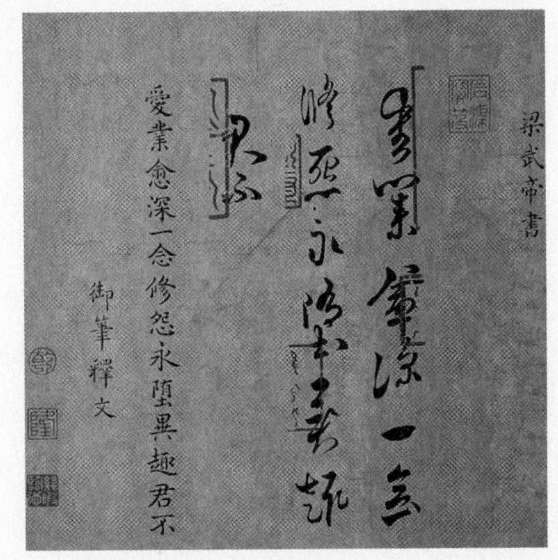

南朝梁武帝草書《異趣帖》。對於《異趣帖》的作者，有蕭衍和王獻之兩種說法，以傾向前者為多，明代書法家董其昌斷定其為蕭衍的作品。

在個人生活上，蕭衍也不講究，清粥蔬菜就讓他很滿足了。由此，梁朝的社會較之前朝有了明顯的改觀和發展。

可是，到了晚年，梁武帝卻信佛到了瘋狂的程度。他居然幾次出家當和尚，大臣到寺院懇求他還俗，他不得已才答應，條件是要給佛寺大量的金錢。久之，梁朝的政局出現了危機，最終導致了侯景之亂的發生。

侯景原本是北朝東魏人，547年，他以河南十三州叛歸西魏，但西魏宇文泰不信任他，侯景就寫信給梁武帝，說願意獻出河南十三州投奔梁。蕭衍很高興，便接納了侯景，還任命他爲大將軍，封爲河南王。梁朝中有些大臣知道侯景的爲人，私下便說「亂事就要來了」。

果然，不久，歸順的侯景以誅殺朝中奸臣爲藉口，發動叛亂，圍困京城。京城內糧食斷絕，百姓受著饑餓與疾病的困擾，橫屍滿路。而駐紮在城外的諸王是梁武帝的子侄，他們希望武帝趕緊死，自己好有機會奪得皇位，所以都按兵不動。一百三十多天後，侯景攻入京城，縱兵洗劫。

此時，侯景的軍隊已經掌握了京城的管理大權，他的衛兵進出皇宮很隨便，而且還佩帶武器。一次，蕭衍問侍從這些衛兵是誰的，侍從說是侯丞相的。蕭衍聽了很生氣，嚷道：「什麼丞相！不就是曾經叛降的侯景嗎？」侯景聽後，非常生氣，開始派人監視蕭衍，蕭衍的飲食也被裁減。終於有一天，梁武帝蕭衍被活活餓死了，享年86歲。一個皇帝居然被餓死，這暴露了梁朝在危機面前的懦弱無能。

最終，侯景之亂被梁朝大將陳霸先平定，侯景在逃跑途中被部下殺死。

37 隋朝結束了南北分裂，又制定了許多開創性的政策，爲什麼反倒短命？

三國兩晉南北朝長達兩百多年的分裂局面，終於在589年由隋朝重新統一。然而，不過三十幾年光景，隋朝就被另一個新王朝── 唐朝所取代。一個順應時代潮流的新興王朝爲什麼如此短命？這要從它剛建立時說起。

北周大臣楊堅的女兒是周宣帝的皇后。宣帝死後，新皇靜帝繼位，當時只有8歲。楊堅乘機獨攬軍政大權，並於581年逼靜帝退位，自己則登上皇位，改國號爲隋，歷史上稱他爲隋文帝。不久，隋文帝就滅了南朝陳，結束了南北分裂的局面。

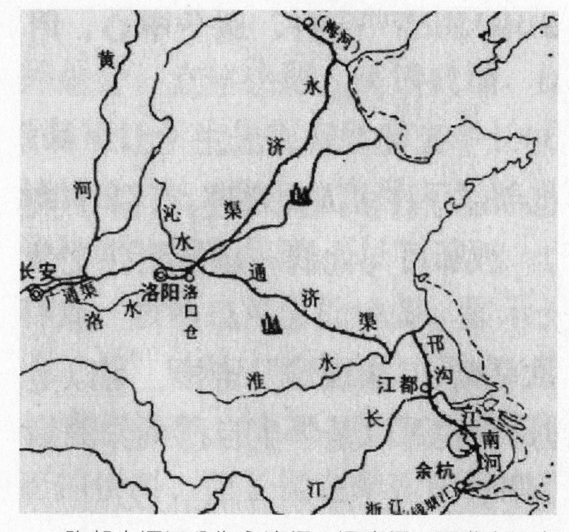

隋朝大運河分為永濟渠、通濟渠、邗溝和江南河四段，連接了海河、黃河、淮河、長江和錢塘江五大河流。大運河的開通，對中國的經濟發展有重大意義。但在當時，修這條運河共用五百餘萬民工，費時六年，勞民傷財，激化了階級矛盾，是隋朝迅速走向衰敗的一大原因。

隋文帝在位24年，治國有方，當時隋朝政權穩固，人口急增，國庫豐盈，史稱「開皇之治」。有專家認爲，「開皇之治」時的隋朝比起唐太宗「貞觀之治」時的唐朝還要富庶。

然而，晚年的楊堅開始陷於迷信之中。他的次子楊廣更是胡作非爲，先是用陰謀手段讓父親廢掉太子，後又謀害了自己的父親當上了皇帝，這就是歷史上飽受非議的隋煬帝。

隋煬帝一生喜歡窮兵黷武，他繼位後便下令開鑿「大運河」，目的就是發動戰爭時運輸糧草方便。他在位期間多次對外用兵，攻打吐谷渾，伐遼東，征高麗，甚至越洋攻打琉球，但獲得的戰果卻微乎其微。此外，他生活奢侈腐化，大興土木，多次出遊巡幸，沿途大擺酒席，如此大的開銷只能靠加重賦稅來維持，這導致各民族間、各階級間的矛盾激化。然而，對於人民的反抗，隋煬帝採取的措施就是殘酷鎮壓，他居然恢復了漢朝就已經廢除的酷刑。

不得人心的舉措終於導致了隋末農民起義。隋煬帝在派兵鎮壓之時，朝臣李淵父子在太原起兵，最終奪取政權，建立了唐朝。一個有良好基業的隋朝就這樣被葬送了。

需要指出的是，隋朝雖然只有短短三十多年的時間，但它在中國歷史上的地位不容忽視。它是一個承上啓下的朝代，很多制度都被後來的唐朝沿襲並發展，比如「三省六部制」、「科舉制」等等。

38 唐朝國號是怎麼來的？

一國創制首先是要立國號，而立國號是件嚴肅的大事，必須有講究。

唐朝國號的來歷一般認爲是得於爵位名。唐朝開國之君李淵是西漢大將軍李廣的二十三世孫、十六國時期西涼開國君主李暠（也作李皓）的六世孫。李淵的祖父李虎是西魏府兵八位柱國大將軍之一，地位很高。北周建立時，李虎雖然已死，但仍被列爲開國第一功臣，追封爲唐國公。李虎的兒子李昞，就是李淵的父親繼承了唐國公的爵位。李昞死後，李淵又襲唐國公的爵位。

隋朝末年，李淵感到楊家的大勢已去，便在太原起兵，最終攻佔了隋朝首都長安，假意擁立隋煬帝之孫楊侑爲傀儡皇帝，並授意楊侑將自己進封唐王。618年，李淵正式稱帝，並以爵位唐爲國號。

清人所繪唐高祖李淵像

但是如果深究起來，李淵將國號定爲「唐」還有一層更深的含義。「唐」最早是陶唐氏的簡稱，陶唐氏是遠古時期一個部落的名稱，居住在平陽（今山西臨汾）一帶，這個部落最有名的一位首領就是堯，所以堯帝又被稱爲「唐堯」。

後來，周成王滅了「陶唐」部落，又將「唐」改爲「晉」，沿用至今。「唐」雖滅亡，但其文化卻傳承下來。比如「李」這個姓氏來源於皋陶，皋陶是堯時執掌刑獄的「大理」，其子孫以官爲姓，稱「理氏」。後來「理氏」子孫爲避商紂王之害而出逃，並改「理」爲「李」。可見李姓與「唐」有著密切的聯繫。

就李淵而言，隋朝時他曾任太原留守，負責鎮壓山西一帶的起義軍。後來，他又在太原起兵。可以說，李氏起家於太原這個古老的「唐」地。因此，在得到天下後，李淵將國號定爲「唐」，其實是蘊含著深刻的紀念意義。

39 中國歷史上第一位和最後一位狀元分別是誰？

據史料記載，中國歷史上第一位狀元是唐高祖武德五年（622）壬午科的孫伏伽。早在隋朝末年，孫伏伽便已經進入官場，但當的只是一個地位很低的小官。

到了隋煬帝末年，孫伏伽升遷到了法曹一職，負責審理刑獄，拘捕奸盜，查辦官員貪污受賄等問題，而且政績突出。如果隋朝不滅亡，憑藉孫伏伽的才能，很可能會進入中央任官，當上宰相也未可知。

劉春霖在詩書畫上均有極高的造詣，特別擅長小楷，其小楷書法有「楷法冠當世，後學宗之」之譽，至今書法界仍有「大楷學顏（真卿）、小楷學劉（春霖）」之說。圖為劉春霖所書對聯：風清蘭室春長在，日照松門曉不扃。

誰知，隋朝是一個短命的王朝，李淵在太原起兵，並最終建立了唐朝。孫伏伽歸順了唐朝，並參加了武德五年的科舉考試，結果一舉奪魁而中了狀元。從此開始了他在唐朝的仕途之路。

孫伏伽在唐朝爲官以敢於進諫著稱。針對隋朝滅亡的教訓，孫伏伽曾向唐高祖李淵進諫三策：其一，他認爲隋朝滅亡的原因之一是聽不進別人的批評，因此勸皇帝要虛心納諫，廣開言路，選賢任能，勵精圖治；其二，他認爲隋末皇帝貪圖享樂，官場風氣敗壞，因此勸皇帝不要沉迷於聲色犬馬；其三，他認爲隋朝滅亡是因爲皇帝身邊的大臣亂國，因此，他勸告皇帝要愼重挑選身邊的大臣，防止小人誤國壞事。這些話讓李淵很感動。

在太宗朝，因爲唐太宗喜好打獵，孫伏伽怕皇帝不思朝政，便上書勸阻，言辭懇切。唐太宗看後大加讚賞，說：「愛卿能指出我的過失，我能夠改正，天下之事就不會辦錯了！」

唐高宗時，孫伏伽因年老辭官，安享晚年。

時間到了清末，廢除科舉之聲蜂起，最終，清政府不得不下令在1905年停止科考，這一延續1300多年的選士制度壽終正寢。而中國最後一位狀元就是清光緒三十年（1904）甲辰科的劉春霖。因此有人說他是「第一人中最後人」。

劉春霖獲得狀元後，被授予翰林院修撰一職。由於當時需要新式人才，不久他就被派到日本，進入東京法政大學深造。1907年回國後，任諮政院議員、直隸法政學校提調、北洋女子師範學校監督等職。

辛亥革命後，劉春霖又在民國北洋政府中任不同官職，其間，他曾兩次代表大總統徐世昌到山東曲阜主持孔子大成節典禮，並因此名噪一時。1928年，他辭官，從此以詩書爲樂。

特別要說明的是，1931年「九・一八」事變和1937年「七・七」事變後，劉春霖拒絕爲僞滿洲國政府和日本人效力，保持了晚節。1944年，劉春霖因心臟病突發辭世，時年73歲。

40 據說唐太宗統治時期，人們晚上睡覺都不用鎖門，這是眞的嗎？

唐太宗李世民繼位後，吸取隋朝滅亡的教訓，非常重視老百姓的生活。他強調以民爲本，常說：「民，水也；君，舟也。水能載舟，亦能覆舟。」他下令輕傜薄賦，讓老百姓休養生息，從不輕易徵發傜役。他還合併州縣，革除「民少吏多」的社會弊病，這些措施都減輕了人民的負擔。

唐太宗還十分注重法治，他曾說：「國家法律不是帝王一家之法，是天下人都要共同遵守的法律，因此一切事情都要以法爲準。」他主張立法要寬，執法要嚴，量刑要慎重。

位於陝西西安貞觀文化廣場中的雕塑群，描繪的是唐太宗（騎馬者）在大臣、衛隊的簇擁下前行的情景，展現了唐太宗統治時期國家的繁榮強大。

由於太宗的苦心經營，貞觀年間社會治安情況很好。據記載：貞觀三年（629），全國判死刑的才29人，幾乎達到了古代法制的最高標準——「刑措」，即可以不用刑罰了。

此外，唐太宗很注重人才的選拔，並嚴格遵循德才兼備的原則。他曾先後五次頒佈求賢令，並增加科舉考試的科目，擴大應試的範圍和人數，以便使更多的人才顯露出來。科舉可以使社會底層的精英通過考試參與到社會管理上來，對社會的穩定起了很大的作用。他還廣開言路，善於納諫，及時糾正政策和措施上的失誤。

經過一段時間的有效治理，唐朝在經濟、政治、軍事、文化上都得到了較快的恢復和發展。此時，唐朝國力強盛，在對外戰爭中也不斷取得勝利，國際威望達到了頂峰。人們將這段歷史讚譽為「貞觀之治」。貞觀是唐太宗的年號。

據史料記載，貞觀時期「海內升平，人們在路邊看到別人丟失的財物也不會偷偷據為己有，晚上睡覺時外面的大門不用關閉，商人旅客可以隨意在野外露宿而不必擔心被偷竊」。這段描述可能有誇張的成分，但它顯示了當時社會的安定，百姓的豐衣足食，以及大唐王朝一片欣欣向榮的升平景象。

41 中國歷史上最具賢德的皇后是誰？

提起中國歷史上的皇后，大致可分成兩種：一種是憑藉自己的特殊身份，依仗外戚勢力結黨營私，干預朝政，甚至禍國殃民的；而另一種則是賢慧有德，深明大義，協理後宮，時刻提醒身爲皇帝的丈夫要勤於政務的。後者當中，唐太宗李世民的長孫皇后是最突出的，稱得上是歷史上最具賢德的皇后。

長孫皇后祖上是鮮卑族人，她自幼精通文史，13歲時嫁給了還是秦王的李世民，被冊封爲秦王妃。李世民當了皇帝後，便封她爲皇后。

明太祖的馬皇后像

當時，長孫皇后的哥哥長孫無忌與唐太宗李世民是布衣之交，而且還是功臣，唐太宗想給他一個顯赫的高位，盡享榮華富貴。然而此舉卻遭到了長孫皇后的反對，她認爲這會使大臣們有依靠皇親國戚好做官的感覺，她又勸自己的哥哥主動向皇帝說明不求高官。最終，唐太宗讓長孫無忌做了一個平常的官。

還有一次，以直諫著稱的魏徵讓李世民下不來台。李世民怒火中燒，見到皇后狠狠地說了一句：「一會兒我一定要殺了魏徵這個鄉巴佬！」長孫皇后聽後什麼也沒有說，默默地退了下去。她在內室中換上了重要場合才穿的禮服，跪在李世民面前，恭祝李世民。李世民嚇了一跳，問其原因，皇后才開口說：「我聽說主上賢明做臣子的就敢於直言，如今魏徵直言進諫，說明陛下您賢明啊！」一句話既使李世民的怒氣全消，也保住了忠臣魏徵的性命。

在生活方面，長孫皇后也一向儉樸，對於嬪妃更是愛護有加，這使她深受後宮愛戴。

可惜的是，長孫皇后36歲時染病不起，臨終留下遺囑，依山而葬，不造墳，用木器、瓦器作爲陪葬品。她還規勸太宗要虛心納諫、節制遊樂、愛惜百姓。

可以說，唐太宗能成就貞觀之治，長孫皇后也有功勞。因此，清代人周召曾說：「夏商周三代以來，皇后之有賢德者，唐長孫氏爲最。」

另有學者認爲，明太祖朱元璋的馬皇后也很賢能，可以與長孫皇后相提並論。

馬皇后本是元末農民起義軍領袖郭子興的養女，後來朱元璋因走投無路到了郭子興帳下，郭子興見朱元璋能征善戰，便把這個養女嫁給了他。從此二人有福同享、有難同當。

等到朱元璋平定天下做了皇帝後，便冊封這位曾與自己患難與共的原配妻子馬氏爲皇后。

與長孫皇后相似，馬皇后也是一位仁慈、善良、儉樸、愛民的賢后。她敢於在朱元璋誅殺大臣時進行勸諫，從而保全了許多忠臣良將的性命；她善待後宮嬪妃，不爲娘家謀私利，開創了明朝後宮和外戚不干政的風氣。在生活上，馬皇后一直保持儉樸的作風，從前穿過的舊衣服也捨不得丟棄。遇到荒年災月，她帶頭吃粗茶淡飯，以此來體察民間疾苦。臨終時，馬皇后不忘囑咐朱元璋要「求賢納諫，慎終如始」，並願「子孫皆賢，臣民得所」。

42 唐太宗讓文成公主入藏是有意向吐蕃首領松贊干布施「美人計」嗎？

吐蕃人是藏族的祖先。早在唐太宗貞觀八年（634）吐蕃最高統治者松贊干布就派了一批使臣到唐朝的都城長安訪問。不久，唐使臣又到吐蕃回訪。

640年，松贊干布遣使者帶著貴重禮物進獻給太宗皇帝，目的是求娶唐朝公主爲妻，以鞏固吐蕃和唐朝的友好關係。唐太宗同意將文成公主嫁給松贊干布。關於文成公主的父親史書中沒有記載，多數人認爲是唐高祖李淵的堂侄、唐太宗的族弟江夏郡王李道宗。

第二年，文成公主在唐送親使李道宗和吐蕃迎親專使祿東贊的伴隨下，從長安出發前往吐蕃。松贊干布在柏海（今青海瑪多）親自迎接，並謁見李道宗，行子婿之禮。之後，他帶文成公主返回邏些（今拉薩），在那裡舉行了盛大的婚禮。

文成公主受過良好的教育，她這次去吐蕃帶有大量的絲織品、手工藝品、史書和有關生產技術和醫學的著作，還帶著文人學士和製造各種物品的工匠。此外，文成公主也帶了耐寒抗旱的蔬菜種子和五穀種子，以教吐蕃人種植。她帶來的玉米、土豆、蠶豆、油菜種子都能夠適應高原氣候，生長良好。而小麥卻因氣候原因不斷變種，最後長成藏族人喜歡的青稞。這些都促進了吐蕃社會的進步和發展。

當時，唐朝佛教盛行，文成公主便是一位虔誠的佛教徒。

她攜帶了經書和佛像來到吐蕃，決意建寺，宣揚佛教，爲吐蕃人民祈福消災。於是就有了文成公主協助設計和修建的「大昭寺」。寺建成後，文成公主與松贊干布親自到廟門外栽插柳樹，這就是著名的「唐柳」。之所以稱爲「唐柳」，是因爲西藏本沒有柳樹，文成公主種的柳樹是從長安帶來的。「唐柳」有著堅強的生命力，它根紮高原不斷繁衍，延續著漢藏間的親情，是牢不可破的民族團結的象徵。

松贊干布非常喜歡賢淑多才的文成公主，專門爲她修築了一座布達拉宮，宮室共有一千間，富麗堂皇，氣勢磅礴。如今，布達拉宮內仍保存有大量壁畫，其中有「唐太宗五難吐蕃婚使」、「文成公主進藏一路遇到的艱難險阻」以及「文成公主抵達拉薩時受到熱烈歡迎」等題材。

《步輦圖》是唐朝畫家閻立本的名作之一。貞觀十四年（640），吐蕃王松贊干布仰慕大唐文明，派使者祿東贊到長安通聘，此圖所繪即是祿東贊朝見唐太宗時的場景。現存畫作被認為是宋朝摹本，藏於北京故宮博物院。

自從文成公主入藏後，唐朝和吐蕃的關係日益密切，雙方使臣和商人往來頻繁。

可見，文成公主入藏，並不是唐太宗向松贊干布施的美人計，而是中國歷史上一次成功的和親活動，目的是加強雙方的交往和交流。此後二百多年間，吐蕃和中原王朝很少發生戰爭。

松贊干布去世後，文成公主繼續致力於加強唐朝和吐蕃的友好關係，她熱愛藏族同胞，深受百姓愛戴。680年，文成公主去世，吐蕃人為她舉行了隆重的葬禮，唐朝也遣使臣赴吐蕃弔祭。至今，拉薩仍保存有藏人為紀念文成公主而造的塑像。

43 唐代名臣魏徵曾做過太子洗馬一職，他的職責就是為太子洗刷馬匹嗎？

「洗馬」是中國古代的官名，做這個官的人可不是負責洗刷馬匹的馬夫。「洗」字在古漢語裡與「先」是相通用的，因此「洗馬」也稱作「先馬」。

秦漢時期，洗馬是太子的侍從官。太子出行時，洗馬官就騎著馬在前面作先導。這也與「洗馬」這個詞的本意相符，即在馬前奔走的意思。

到了兩晉時期，洗馬的職責改為掌管圖冊書籍。南朝時，洗馬隸屬於典經局，掌管經籍、典制。此後，歷經隋唐直到清末，洗馬都是掌管文章、典籍的官員。正因為此，洗馬這個官需要有很高的文化水平。

一代名相魏徵曾做過唐高祖時期太子李建成的洗馬，負責掌管書籍以及繕寫文章等事務。但實際上，魏徵的工作遠遠超出了這個範疇。他很受李建成的器重，一直被視為心腹和謀臣。他被聘為太子洗馬，等於是加入了太子的「智囊團」，幫太子出謀劃策。魏徵也的確為太子提出

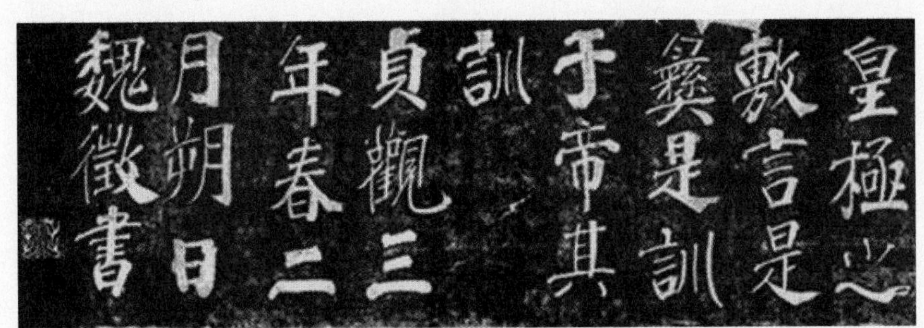

魏徵書法拓片

了重要的建議。當時，魏徵覺察到太子李建成和秦王李世民之間在爭奪最高權位上明爭暗鬥，特別是看到秦王李世民的功勞一天比一天大，影響也越來越深，因此他很爲太子擔心，於是他建議太子說：「秦王功高，朝廷內外都傾心於他。有人說殿下只因爲年長而位居太子之位，沒有什麼大功卻能繼承大位。現在劉黑闥的殘兵聚眾南下，殿下若趁此時親自率兵出征，勢必一戰得勝，令眾豪傑心服口服。」

李建成深以爲然，決定親征。此時，魏徵又建議太子不要急於同劉黑闥正面交鋒，要攻心爲上，以釋放對方的俘虜，做思想工作，來瓦解對方士氣。最終，劉黑闥被俘，太子李建成大獲全勝。

李建成回到長安，受到朝臣稱讚，但他與李世民的矛盾更趨激化。魏徵勸太子早做打算，太子決定向父皇建議讓李世民去遠征突厥，以此來削弱他的力量。然而，就在此時，李世民先發制人，伏兵於玄武門內，將太子李建成和弟弟李元吉殺死，又迫使父親李淵退位，自己登上了皇帝寶座。

幸而李世民對魏徵的才幹很賞識，不計前嫌，對他委以重任，才成就了一代明君賢相的千古佳話。

44 唐太宗爲什麼將魏徵比作鏡子？

魏徵出身名門望族，但家道中落。他先是在太子李建成手下任掌管圖書的小官。玄武門之變後，李世民當了皇帝，就是唐太宗，他對這位前太子的手下不計前嫌，仍然重用，任命魏徵爲諫議大夫，這是專門給皇帝提意見的官員。

魏徵這人性格剛直、才識卓越，敢於對皇帝說真話。他在提意見時往往不顧及皇帝的顏面。有一次，唐太宗實在忍受不了了，怒氣衝衝地說道：「我一定要殺了魏徵這個鄉巴佬。」後經皇后、大臣的勸說才漸漸消氣。而魏徵依然神態自若，沒有絲毫膽怯，照樣該說什麼還說什麼。其實，唐太宗心裡知道，魏徵是不可多得的賢臣和忠臣，只是他的有些做法實在讓自己下不了臺。

位於河北晉州市區西南魏徵公園內的魏徵塑像，魏徵公園是晉州人民為紀念祖籍晉州龐表村的大唐名相，被後人譽為「千秋金鑒」的魏徵而興建的。

魏徵的批評意見涉及面很廣，最重要的內容是朝廷軍國大事的失誤。爲了從隋末戰亂中儘快恢復，他規諫皇帝要讓百姓休養生息，停止營造宮室臺榭和對外用兵；爲了社會的安定，他規諫皇帝要廢除隋的嚴刑峻法，代之以寬平的刑律；爲了政治清明，他規諫皇帝用人要人品和才能並重，對官吏中的貪贓枉法之徒要嚴懲不貸；在法律面前，他認爲「貴賤親疏」應該一律平等。

此外，在皇帝的個人生活上，魏徵也會時常提醒。一次，魏徵在路上看到太宗的車馬出行，像是要去遊山玩水。太宗見到魏徵，急忙下令調頭回宮。魏徵追問：「聽說陛下要駕幸南山，怎麼突然不去了？」太宗笑著說：「起初確實有這樣的打算，但是擔心愛卿你責怪，所以就半路停下了。」還有一次，唐太宗在玩鷂子。正巧魏徵來了，唐太宗怕魏徵批評自己，便把鷂子揣在了懷裡，其實，這一切早被魏徵看在眼裡，他故意拖延談話的時間，最後鷂子被活活地悶死了，太宗很生氣，但想到這是魏徵在勸自己不要玩物喪志，終於按下了怒火。

正是由於唐太宗和魏徵君臣一個敢於提意見，一個虛心聽取意見，雙方默契配合，使得唐朝國力迅速恢復，出現了「貞觀之治」的局面。

魏徵去世後，唐太宗悲慟之極，思念不已，他對大臣說：「以銅爲鏡，可以正衣冠；以古爲鏡，可以知興替；以人爲鏡，可以明得失。魏徵的離世，讓朕損失了一面鏡子啊！」回顧歷史，這確實是唐太宗的肺腑之言。

45 武則天做了皇帝以後爲什麼要把都城遷到洛陽？

唐高祖李淵建立唐朝後定都長安，以洛陽爲陪都。唐高宗時以洛陽爲東都，此後便頻繁往來於兩都之間，最終在洛陽病死。

武則天登基做了皇帝後，決定放棄原來的首都長安，遷都洛陽。直到她死後唐中宗復辟，才還都長安。

武則天之所以要遷都洛陽，北宋史學家司馬光認爲：武則天在長安害死了王皇后、蕭淑妃以後，每次睡覺都夢見她們披頭散髮滿身是血的樣子，像是要找她討公道。武則天想用巫術將她們除去，也無濟於事。因此，她在稱帝後決定遷都洛陽，不再回到長安這個令她驚悚之地。

這種說法有一定道理，但難免有牽強附會之嫌。王皇后、蕭淑妃兩人死時距武則天定都洛陽已近二十年，這二十年如果武則天總是做如此噩夢，恐怕早已精神失常。況且，武則天

坐落於河南洛陽東南的升仙太子碑。武周聖曆二年（699）二月初四，武則天由洛陽赴嵩山封禪，返回時留宿於緱山升仙太子廟，一時觸景生情而撰寫碑文，並親自用朱砂將文字書寫在碑石上。碑文表面記述了周靈王太子升仙的故事，實則歌頌武周盛世。

稱帝後，也曾在長安住了兩年。

其實，武則天遷都的原因是多方面的。

首先，就政治而言，武則天作爲一個女性當了皇帝，必然會遭到眾人的反對。長安作爲都城，是前朝重臣及精銳兵力的所在，武則天當然要儘快離開這個「是非之地」，以打擊反叛之人，進而實現改朝換代的心願。從這個角度說，洛陽實際上是武則天的政治大本營。

其次，從地理位置上說，當時的洛陽也適宜作國都。唐朝建立後，歷經高祖、太宗、高宗三朝，疆土得到擴大。都城長安在版圖上的位置偏於西邊，失去了居中而統領天下的作用。而洛陽西接關中盆地，東連華北平原，自古就被稱爲「天下之中」，從洛陽出發，北通幽燕（今河北、遼寧地區），西接秦隴（今陝西、甘肅地區），東達海岱（今山東渤海至泰山之間的地帶），南至江淮（廣義上指江南地區），距離大體相等。因此，以洛陽爲都可以居中而攝天下。

第三，就經濟而言，洛陽所在的關東地區要優於長安所在的關中地區。作爲古都的長安地區因人口增長、土質惡化、耕地面積縮小和氣候等原因經濟逐漸衰落，糧食供應出現問題。而關東地區的主體部分是黃河下游的華北平原，自古以來農業就很發達。隋煬帝時期開鑿大運河，實際就是以洛陽爲中心，這使得此地的經濟發展水平日益提高。

因此，武則天遷都洛陽有其政治、經濟、地理位置等多方面的考慮，僅從武則天個人身上找原因恐怕以偏概全了。

46 歷代墓碑上都有字，是對墓主人的介紹和評價，但女皇武則天的墓碑上卻沒有，這是爲什麼？

位於陝西乾縣乾陵的無字碑

武則天14歲時入宮做了唐太宗的才人，這期間她與唐太宗的兒子即後來的唐高宗李治產生了感情。

唐太宗死後，按照規定，武則天和部分沒有生育子女的嬪妃要出家爲尼。但新皇帝唐高宗很快就把武則天重新接回宮中，封爲昭儀，倍加寵愛。後來，武則天設計讓高宗廢掉了王皇后，而立自己爲皇后。

高宗體弱多病，他常將處理軍政奏章的權力交給武則天。隨著高宗身體的每況愈下，繁重的國事逐漸由武則天來決斷，甚至武則天還和高宗一起上朝，當時人稱「二聖」。

高宗病故後，遺命皇太子李顯繼位，即唐中宗，武則天則成了皇太后。但不久武則天就廢了李顯，另立自己的小兒子李旦爲皇帝，就是唐睿宗。但睿宗根本就是個傀儡，毫無實權，軍國大事由武則天處理。

690年九月，武則天廢了睿宗，自己登上了皇帝的寶座，改國號爲周，定都洛陽，建立了武周王朝，她也成爲中國歷史上唯一的女皇帝。

稱帝後的武則天一方面重視農業，採取了很多有利於農民生產的措施。此外，她還加強邊防，改善和周邊各民族的關係。另一方面，她任用周興、來俊臣等酷吏，嚴厲鎮壓唐宗室的反抗，並鼓勵酷刑和告密。她還迷信祥瑞，篤信佛教，興建了不少樓堂廟宇，勞民傷財。特別是其晚年，一批男寵走進了她的生活。在她老病纏身長時間不能上朝，對朝政的控制力下降之時，男寵張易之、張昌宗兄弟逐漸插手朝政，陷害宰相魏元忠，並與大臣結怨。

終於，705年，宰相張柬之等趁武則天病重發動兵變，逼迫她退位，迎中宗李顯復位，恢復唐朝舊制。同年十二月，武則天去世，終年82歲，遺詔「去帝號，稱則天大聖皇后」，以皇后身份入葬乾陵（位於今陝西乾縣）。

乾陵是唐高宗和武則天的合葬陵墓，墓前有兩塊碑，一塊是高宗的墓碑，上有武則天寫的題詞；另一塊是武則天的墓碑，上面卻沒有一個字，後世稱爲「無字碑」。

無字碑沒有字的原因後人有各種猜測，第一種是說她是爲了誇耀自己的功德無法用文字表達；第二種是說她自知罪孽深重，感覺還是不寫碑文爲好；第三種說法認爲武則天是一個有自知之明的人，立「無字碑」意思是功過是非讓後人去評論；第四種說法是武則天的兒子恨透了他的母親，武則天本已寫好碑文，卻被她的兒子藏在了墓室之中，而立了這塊無字碑；第五種說法是石碑原計畫刻字，但武則天死後政局動盪，各派勢力始終不能對她作出適當的評價，因此不了了之；第六種是說因爲武則天既是皇帝又是皇后，大臣不知如何寫碑文，所以沒有寫。

不管怎樣，武則天留下的無字碑，帶給後人無限的想像空間。

47 唐玄宗開元年間社會繁盛，爲什麼突然爆發了安史之亂呢？

唐玄宗李隆基是武則天之子李旦的三兒子。武則天死後，中宗李顯又重新當了皇帝，他的妻子韋皇后還想效仿武則天，便聯合女兒安樂公主將中宗毒死。此時，李隆基與武則天的女兒太平公主聯合發動政變，殺死了韋后和安樂公主，又讓李旦再次當了皇帝。

不久，太平公主也想效仿武則天，搶奪帝位，最終被李隆基鎮壓。

710年，李旦將皇位讓給李隆基，李隆基正式登基稱帝，就是唐玄宗。

唐玄宗登基後善用賢能、廣開言路，他任用姚崇、宋璟作宰相，接受他們的合理化建議，廢除苛捐雜稅，禁止宦官和無能的皇親掌權。他制定官吏調遷制度，挑選官員中政績好的到地方上任，培養他們的行政經驗。同時選取地方上有作爲的官員進京爲官。這樣可以加強中央和地方的溝通和瞭解。

唐玄宗還致力於打擊豪門士族勢力，減輕農民負擔，發展農業經濟，緩和民族矛盾。這些舉措有效地促進了唐王朝政治、經濟、文化的發展，使得國力增強，人口增加，因其當時的年號爲「開元」，歷史上將這段時期稱作「開元盛世」。

然而，就在這歌舞升平的盛世背景下，危機逐漸顯現。西元742年，唐玄宗李隆基將年號改爲天寶，此時他任用李林甫當宰相。李林甫是一個阿諛奉承、嫉賢妒能之輩，他把比自己優秀的人全排擠出朝廷，又讓皇帝與百官隔絕。

而李隆基本人也開始貪圖安逸，沉湎於輕歌曼舞的享樂之中。他寵幸楊貴妃，爲了讓愛妃吃到產於嶺南的荔枝，命人快馬加鞭送到長安，勞民傷財。杜牧的《過華清宮》：「長安回望繡成堆，山頂千門次第開。一騎紅塵妃子笑，無人知是荔枝來。」描述的就是這件事。

李隆基還讓楊貴妃的哥哥楊國忠入朝爲官。李林甫死後，

位於陝西西安臨潼區驪山北麓的華清宮，唐玄宗天寶年間曾下令在此大興土木，修造亭臺殿閣，佈設園林美景。唐玄宗與楊貴妃初次相會即在華清宮，從此他便不思政務。安史之亂後，這座盛極一時的行宮走向了沒落。1955年，陝西人民政府建築工程局對華清宮進行擴建，此後幾十年中，又經不斷整修而成今天的面貌。

楊國忠升任宰相，並一個人身兼多個職位，不管官吏有無才能，只要賄賂他就能做官。

爲了加強邊境的防禦，李隆基還增設了軍鎭和節度使，他們掌握著地方軍政、民政、財政大權，很容易擁兵自重，不受中央調遣。其中勢力最大的節度使安祿山甚至還做了楊貴妃的乾兒子。

正是由於天寶以來政治的日趨腐化，以及邊地節度使的力量逐漸強大，各種社會矛盾逐漸顯露，安祿山、史思明最終發動了叛亂，史稱「安史之亂」。從此，唐朝正式走向了衰亡之路。

48 《滿城盡帶黃金甲》這部電影的名字來源於唐末農民起義領袖黃巢的一首詩，黃巢的這次起義成功了嗎？

《滿城盡帶黃金甲》這部電影的名字源於唐末農民起義領袖黃巢的一首詩，詩名叫《不第後賦菊》，從詩的題目來看，顯而易見是黃巢科舉考試落榜後寫的。全詩爲：「待得秋來九月八，我花開後百花殺。沖天香陣透長安，滿城盡帶黃金甲。」詩中，黃巢將自己比喻成菊花，充滿豪情地抒寫抱負。所謂滿城盡帶黃金甲，意思是最終京城會開遍菊花，這是對自己終將勝利的一種預見和憧憬。

黃巢出身於一個靠販運私鹽爲生的小商人家庭，自幼有條件讀書，這樣的環境意味著他可以通過科舉考試做官。然而，科場並沒有給黃巢帶來得意，科場的失利讓他的做官夢破滅，但也使他有了另外的收穫，那就是看到了考場的黑暗和社會的腐敗，這讓他對唐王朝的本質有了深一層的認識。

的確，唐朝後期，藩鎮割據，中央政府勢力衰微，宦官掌握朝中大權，政治腐敗。大量的土地集中於貴族、官僚之手，失去土地的農民超過了半數，成爲流民。然而，統治者爲了滿足自己的需求，仍對百姓橫徵暴斂，加徵了各種名目的稅。百姓在死亡線上煎熬。

終於，874年，王仙芝率眾發動反唐起義。第二年，黃巢便起兵響應，有數千群眾追隨。其實，黃巢是一位具有很強人格魅

位於山東菏澤西部的黃巢點將臺。該臺為一座高約6米、周長約100米的土丘。相傳唐代農民起義軍領袖黃巢曾在此閱兵點將，發出了「翻卻曹州天下反」的戰鬥號令。

力和過人膽識的人，他在讀書之餘還習武，平時積累的財富也用來結交英雄好漢。

後來，王仙芝戰死，黃巢被推舉爲沖天大將軍，成爲起義軍的領袖。

起義軍聲勢逐漸壯大，一路沿黃河南岸西進，打算拿下東都洛陽。此時，唐朝統治者急忙調集軍隊增援洛陽。黃巢率眾避實擊虛，引兵南下，渡過長江。在越州，起義軍遭到了節度使高駢的阻擊，他們轉而由浙江南進，開山路七百里，進入福建，攻克了福州。

經過調整後，黃巢率領大軍北伐，一舉拿下了洛陽，接著，起義軍僅用六天時間就攻破潼關天險，打開了都城長安的大門，最終拿下了長安。這是唐朝首都第二次被攻陷了，第一次是在安史之亂時期。皇帝唐僖宗也仿照曾經的唐玄宗那樣向成都逃奔。

881年，黃巢在含元殿即皇帝位，國號大齊。大齊政權建立後，黃巢沒有乘勝追擊，也沒有消滅關中附近的禁軍，而是陶醉在勝利之中，這或許是農民起義軍的通病吧。

逃到四川的唐僖宗穩住陣腳後，集結了唐朝的殘餘兵力，還聯絡了各地的軍閥武裝，開始對大齊政權反撲。當初投降黃巢的一些節度使，也起兵加入到皇帝的隊伍。起義軍很快陷入了包圍之中。在這危急關頭，起義軍將領朱溫叛變投降，朱溫就是後來五代十國時期後梁的建立者。不久，唐朝又用官爵籠絡沙陀貴族李克用，李克用派兵援助唐朝，攻打起義軍。

由於寡不敵眾，黃巢不得不率眾撤出長安，從此陷入逃亡的境地。最終，在山東萊蕪以北狼虎谷一戰中，起義軍陣亡多數，黃巢被迫自殺。

黃巢起義給了唐朝沉重的打擊，23年後，唐朝滅亡。

49 說某人爲官資格老可稱爲「三朝元老」，可歷史上還有一位「十朝元老」，他是誰？

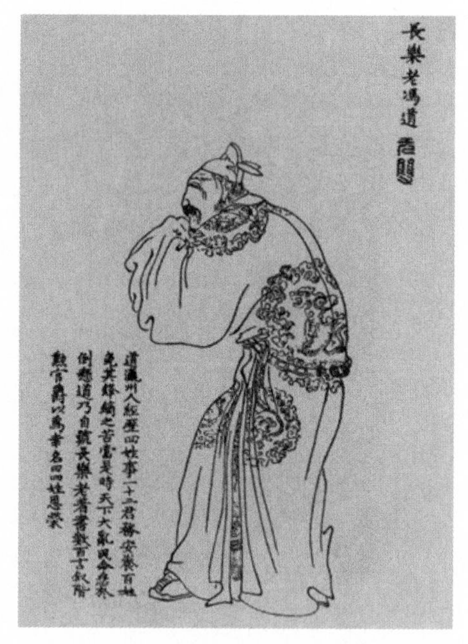

有「官場不倒翁」之稱的馮道像

五代十國時期是中國歷史上的一個大分裂、大動盪時代，當時中國北方的政權更替如走馬燈一般，南方則分裂成幾個小國。然而，就在此時，卻出現了一位能夠在十個皇帝手下做官而不倒之人，他就是歷史上唯一的「十朝元老」馮道。

據史料記載，馮道歷經桀燕皇帝劉守光、後唐莊宗李存勖、後唐明宗李嗣源、後唐閔帝李從原、後唐末帝李從珂、後晉高祖石敬瑭、後晉出帝石重貴、遼太宗耶律德光、後漢高祖劉知遠、後周太祖郭威十朝，而且基本上在每朝都受到重用，難怪他被稱爲「官場不倒翁」。

然而，不要以爲馮道在十朝爲官是一件令人佩服的事情，這種經歷反而讓他背上了「牆頭草」「沒有氣節」等罵名。尤其當他投奔遼國時，曾說：「在南朝爲子，在北朝爲父，在兩朝則都爲臣，這有什麼區別嗎？」這句話讓遼國皇帝耶律德光心花怒放，立即命他爲太傅，然而卻讓當時的中原人大跌眼鏡。

馮道被指責爲沒有氣節，絕不是因爲他是武將出身而沒有讀過書的緣故。相反，馮道自幼好學，對吃穿從不挑剔，即使是對馮道頗有微詞的歐陽修也在《新五代史》中說他：「爲人刻苦而又簡約。」滿腹經綸的馮道對中國文化做出的一個突出貢獻是：他主持校定了「九經」──《周易》《尙書》《詩經》《春秋左氏傳》《春秋公羊傳》《春秋穀梁傳》《周禮》《儀禮》和《禮記》的文字，並雕版印成書。

那麼，我們不禁要問熟讀儒家經典的馮道爲什麼不「從一而終」，而是誰有勢力就跟從誰呢？下面這個故事或許能給我們一點啓發。

馮道曾讓侍從讀《老子》，自己躺在床上聽。《老子》的第一句是「道可道，非常道」。侍從犯了難，因爲古代講究避諱，主人的名字是不能隨便說出來的。侍從靈機一動讀道：「不可說可不可說，非常不可說。」原來，侍從想了個主意，「道」字不能讀出來，就用「不可說」來代替。馮道聽後哈哈大笑，讓他照原文讀下去，無須避自己的名諱。從這件事上可以看出馮道認爲凡是於我有利的事情，都可以做，而不必在乎禮制等的約束。所以身處亂世的馮道，想的是如何在這個社會中生存、爲官，如何給自己留下後路，至於氣節等問題，他就顧及不得了。

此外，在十朝都做過官的馮道，也是中國歷史上獲得職位名目最多的，據統計達到四十餘種。然而，雖然擁有眾多官職，馮道卻既不是亂世中平定江山的良將，也不是幫助哪位君主治國的良臣。他雖位居高職，卻很難指出他在五代亂世的政局變遷中發揮過什麼大的作用，以及他和一些重大事件有什麼具體的關聯。因此，有人說馮道是一個很「專業」的官員，卻不是一個有作爲的政治家。這是很有道理的。

50 中國古代有稱比自己年齡小的人爲父親的嗎？

稱比自己年齡小的人爲父親，現在看來是一件可笑和荒唐的事情，但在中國古代的確有這樣的人，他就是五代十國時期後晉皇帝石敬瑭。

石敬瑭原本是後唐的大將，後唐明宗的女婿。他驍勇善戰，有政治遠見，在地方事務的處理上也很有才幹，比如他到河東任節度使時，就把該地區治理得井井有條。

然而，後唐晚期的政局發生了巨變，明宗死後，皇族子弟爲爭奪帝位而互相攻殺，最終李從珂掌握了政權。繼位後的李從珂把石敬瑭看成最大的威脅，石敬瑭也逐漸感覺到李從珂對自己

幽雲十六州包括：幽州（今北京）、順州（今北京順義）、儒州（今北京延慶）、檀州（今北京密雲）、薊州（今天津薊縣）、涿州（今河北涿州）、瀛州（今河北河間）、莫州（今河北任丘北）、新州（今河北涿鹿）、媯州（今河北懷來）、武州（今河北宣化）、蔚州（今河北蔚縣）、應州（今山西應縣）、寰州（今山西朔州東）、朔州（今山西朔州）、雲州（今山西大同），是險要之地，易守難攻。失去幽雲十六州，中原便暴露在北方少數民族的鐵蹄之下。

的不信任，一次，他居然說李從珂是明宗的養子，應該讓位給明宗的親生兒子李從益。李從珂大怒，下令罷免石敬瑭的所有官職，然後派兵包圍石敬瑭所在的晉陽城。

石敬瑭知道自己的力量不足以打敗李從珂，便向北方契丹國求救。他專門寫了一封求救信給契丹國主耶律德光，表示願意拜他做父親，可石敬瑭的年齡卻比耶律德光整整大十歲。石敬瑭還答應在打退李從珂軍之後，把雁門關以北的燕雲十六州土地獻給契丹，每年還進貢大批財物。石敬瑭的投降舉動遭到了部將們的反對，大將劉知遠說：「向契丹求救，稱臣還說得過去，稱他做父親就太過份了。而且給他們些財物還行，不應該割讓土地呀！」可石敬瑭一門心思要打敗李從珂，根本不聽勸告。

耶律德光早有向南發展的打算，聽到石敬瑭提出這樣優厚的條件，立刻派出五萬精銳騎兵去救晉陽。石敬瑭從晉陽城出兵夾擊，李從珂軍隊被打得大敗。石敬瑭親自出城迎接耶律德光，卑躬屈膝地稱這位比自己小十歲的人爲父親。

李從珂兵敗自殺，石敬瑭在契丹的幫助下滅了後梁，改國號爲晉，史稱後晉。石敬瑭做了可恥的兒皇帝。

更主要的是「燕雲十六州」是位於今天北京、天津以及山西、河北北部的十六個州，它是中原與北方遊牧民族政權—— 契丹之間的天然屏障。燕雲十六州被割讓給契丹後，使契丹的疆域擴展到長城沿線，可以隨時向南進犯，燒殺掠奪。於是收復「燕雲十六州」就成爲當時人民的一致呼聲。

51 宋太祖趙匡胤是武將出身，爲什麼當了皇帝後卻重文官輕武官呢？

五代後周皇帝柴榮死後，他的幼子繼位，即恭帝。恭帝年僅7歲，朝廷出現了「主少國疑」的不穩定局勢。

960年正月初一，突然有傳言說契丹和北漢準備聯合發兵南下，後周的執政大臣范質等人不辨真假，匆忙派殿前都點檢趙匡胤統兵前去抵禦。殿前都點檢掌管的是禁軍，手下都是精兵強將。趙匡胤率大軍到了陳橋驛（今河南封丘東南陳橋鎮）這個地方，兵變發生了。眾將士將黃袍披在趙匡胤身上，擁立他爲皇帝。於是，後周滅亡了，北宋建立了。

當上皇帝的趙匡胤並不踏實，當時全國兵額三十七萬，其中禁軍就有二十萬之多，雖說禁軍高級將領慕容延釗、石守信等都是趙匡胤的親信或結拜兄弟，但他們掌握著軍權，將來，這些人會不會奪權，將黃袍加身的一幕重演呢？

位於河南封丘縣陳橋鎮陳橋村的陳橋驛景區，為宋太祖黃袍加身之地。現存建築有前大殿、後大殿、東西廂房、山門。整個建築格局嚴謹、古樸蒼勁。前大殿東前側有一株當年趙匡胤黃袍加身時拴馬的古槐，稱「繫馬槐」。

於是，趙匡胤登基的第二年，一個秋天的晚上，他宴請馬步軍、石守信、王審琦等幾個高級將領。在酒席上，趙匡胤連連歎氣，說：「要不是靠你們擁立，我不會有今日。但是，當了皇帝，我幾乎沒有一夜睡得安穩。」石守信等人問其原因，趙匡胤說：「我這個位置，誰不想坐啊！」石守信等聽出皇帝話中有話，忙說：「如今天命已定，誰還敢有異心？」趙匡胤苦笑著說：「假如有一天，你們的部下也把黃袍披在你們身上。你們想不幹，行嗎？」石守信等人誠惶誠恐，叩頭說：「請皇帝指條明路。」趙匡胤借機建議說：「你們不如交出兵權，到地方做官，多累積一些金錢，買一些房產，傳給後代子孫，我們君臣之間沒有猜疑，不是很好嗎？」

第二天，石守信等便聲稱自己身體不好，要求解除兵權。宋太祖欣然同意，並授予他們俸祿優厚的閒官。這個被稱為「杯酒釋兵權」的事件，預示著趙匡胤將對國家的武將做出重大的改革和調整。

的確，不久，趙匡胤又設法解除了地方藩鎮節度使的軍權。地方州縣的官員也一律由文官擔任。他還大力興辦儒學，增加科舉取錄的名額，為的是讓文官在朝廷中佔有絕對優勢。而且，臨死前趙匡胤還下令不得殺士大夫。

趙匡胤重文輕武很大程度上源於他得位的經歷，及其對藩鎮割據、武將坐大後果的認識，這或許也是趙匡胤不得已的舉措。世人都說大宋朝是文人的黃金時代，這一切的幸福，應該源自於趙匡胤的重文輕武。但壓制武將，抬高文臣的風氣也導致了宋朝在軍事方面的軟弱。

52 「狸貓換太子」確有其事嗎？

「狸貓換太子」是中國古代經典的傳奇故事之一。故事梗概是這樣的：北宋真宗皇帝的劉妃和李妃同時懷孕，當時皇帝許下諾言誰先生下皇子就立誰爲皇后。結果李妃率先臨盆，並順利生下一個皇子。劉妃得知此事便與宮中總管太監郭槐和接生婆串通，用一隻剝去皮毛的狸貓換走了剛出生的皇子，幾經輾轉，此皇子被送至八賢王處撫養。宋真宗得知李妃生了個怪物，一怒之下將其打入冷宮。後來，劉妃生下男嬰被立爲太子，劉妃也被冊封爲皇后。可六年後，劉後之子病死，真宗再無子嗣，只能將其皇兄八賢王之子收爲義子，並立爲太子，這個孩子就是當年被換走的皇子，名字叫趙禎。劉后怕事情敗露，想殺死李妃，而一位宮女則幫助李妃逃出了深宮，躲到了一處破窯裡，隱姓埋名孤苦伶仃地生活了20年。真宗死後，趙禎即位，是爲宋仁宗。有一天，包拯包青天在查案時巧遇李妃，他受理李妃冤案，設計讓郭槐供出真相，最終李妃被平反還朝，與仁宗骨

京劇《狸貓換太子》劇照，圖中表現的是包拯審理此案的場景。

肉團聚。此時，作了太后的劉皇后得知這一消息後驚恐而亡。

因這個故事生動曲折，有頭有尾，於是被改編成電視劇、話劇、京劇等多種藝術形式，在社會上產生很大影響。

然而，故事雖然精彩，主要人物劉皇后、李妃、宋真宗、宋仁宗、包拯也卻有其人，但與史實出入較多，有許多想像和拼湊的成分。

首先，這件案子不是包拯斷的，當時包拯剛中進士不久，因其父母年事已高，便一直在家侍奉雙親。等他出來做官時，劉后早已死了三年，而且他擔任的是天長（今安徽天長）知縣這樣一個小官，根本沒有機會和能力去審理這樣一宗大案。

其次，歷史上記載劉太后並非陰險毒辣之人，反而仁慈善良，顧全大局。此外，她也並非驚恐而亡，而是患病而死。

之所以會有「狸貓換太子」的故事，是因爲宋仁宗的確不是劉后所生，他的母親也的確姓李，更巧的是歷史上的確發生過仁宗認母這件事。

據歷史記載，宋仁宗是劉妃的宮女李氏所生。仁宗生下後，劉妃將其收爲己子，親自撫養。仁宗繼位時年幼，由劉太后垂簾聽政。仁宗並不知道自己的生母是李氏，朝中大臣也不敢說。當仁宗生母李氏病重時，劉太后將其由宮女晉升爲宸妃。李氏死後，劉太后要求以皇后之禮對她進行厚葬。過了幾年，劉太后病逝，有大臣奏明仁宗：「陛下乃李宸妃所生，宸妃死於非命。」言下之意，宸妃乃劉太后所害。於是仁宗親自開啓宸妃的棺察視，只見宸妃遺體由於有水銀保護，其膚色就像活人一般，並非被人害死的模樣。再看她的冠服，一如皇后。看到這一切，仁宗感慨道：「不能隨便相信別人的話啊！」

53 爲什麼有人形容宋朝爲「宋鼻涕」，是宋朝人容易患感冒嗎？

「宋鼻涕」這個詞出自蔡東藩先生的《中國歷代通俗演義》，是進入民國後人們對宋朝歷史作出的一種評價。

「宋鼻涕」不是因爲宋朝人愛傷風感冒，而是諷刺宋朝內部積貧積弱，被遼、西夏、金、蒙古打得「涕泗橫流」，最後只能議和了事。

確實，有宋一代，在武功方面少有建樹，在對付外患中，它往往表現得軟弱無能，從而導致了一幕幕令宋人痛哭流涕的悲劇。比如1004年的澶淵之盟，北宋不僅承認契丹佔有幽雲十六州的合法性，還每年送銀十萬兩、絹二十萬匹，開創了歲幣的先例。後來北宋又與西夏議和，每年大方地「賜予」西夏銀五萬兩、絹十三萬匹、茶葉兩萬斤。1126年宋欽宗割太原、中山、河間三鎮，以乞求女真族的退兵。但最終北宋還是被金所滅，宋徽宗、宋欽宗父子也成了俘虜。宋室南渡後，與金長期對峙，後來雙方簽訂紹興和議，南宋每年向金貢銀二十五萬兩、絹二十五萬匹。1279年，蒙古軍又全面佔領中國，南宋大臣陸秀夫背著小皇帝趙昺在廣州崖山跳海自盡。

然而，令我們疑惑的是，宋代的經濟和文化都空前的強盛，爲什麼遇到外患就一味妥協退讓，甚至屈膝求和呢？這要從宋太祖趙匡胤建立宋朝說起。

960年，後周禁軍將領趙匡胤在開封附近的陳橋驛發動兵變，黃袍加身，奪取了政權。爲了防止此類事件的再次上演，及國內叛亂的發生，宋代統治者採取守內虛外的政策，就是讓強有力的精銳部隊在京城附近駐防，邊境上只留少數禁軍和地方雜役兵。這種強幹弱枝的國防政策使地方過於軟弱，根本無力抵擋少數民族的進攻。

另外，由於宋代商品經濟的高度發展，人民生活水準日益提高。在這種環境下生活的人們對戰爭有一種本能的恐懼感，安於現狀、安定、穩定是他們的首要需求。因此，在戰爭面前，從皇帝到大臣都希望用錢來平復一切。

需要指出的是，宋朝的弱也不是弱得一無是處，這個朝代少有政治流血鬥爭。宋神宗啓用王安石推行變法，引發了長達數十年的新黨與舊黨之爭。這期間，新黨和舊黨數度交鋒，但不管哪一方得勢，都未通過肉體消滅的方式讓反對之聲消失。

此外，宋代因爲軍事的軟弱，需要高額的稅收維持國家的開銷，所以宋代沒有抑制商業的發展，反而積極開拓對外貿易。這不僅增加了政府的財政收入，同時也促進了航海技術的提高和中外文化的交流。比起明清兩朝的閉關自守和海禁，宋代是開放和進步的。

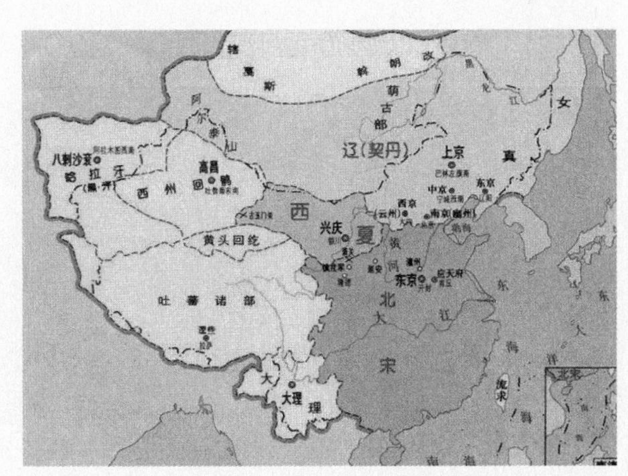

北宋、遼、西夏對峙時期全圖。從圖中可以看出，當時的遼國疆域比北宋要大很多。

54 既然西夏向北宋稱臣了，爲什麼北宋還要年年給西夏財物呢？

從嚴格意義上講，北宋並非一個大一統王朝，因爲它的北邊有遼朝，西北則有西夏政權。

1038年，黨項族的首領李元昊稱帝，國號大夏，統轄區域大致相當於今天的寧夏、甘肅、陝西北部、內蒙古南部等地。因爲它在北宋政權的西邊，爲了和此前曾有的夏朝相區別，被稱爲西夏。

隨著西夏社會的發展，人口的增加，統治者開始有了對外掠奪的野心，目標當然是富庶的北宋。由此引發了西夏和北宋長時間的戰爭。

1040年，西夏南侵宋。宋軍在西北邊境駐軍三四十萬，但宋朝的軍事制度是大將直接聽命於朝廷，而且都是臨時派將出征，兵將之間沒有默契，不能互相配合，這導致了幾場戰役的大敗，宋朝損失慘重。

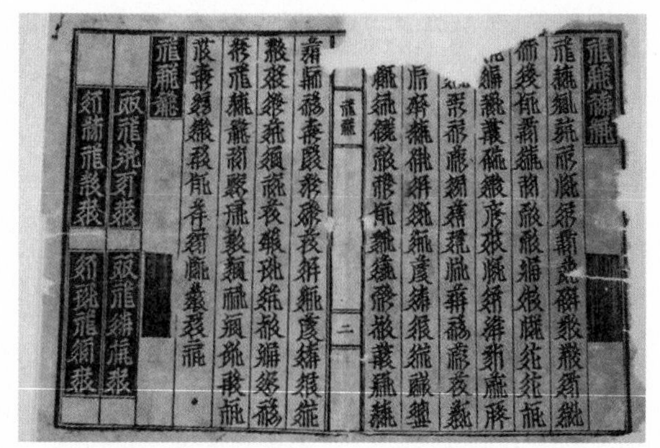

西夏文書籍內文書影。西夏文是李元昊正式稱帝前命大臣野利仁榮創制的，歷時三年完成，共五千餘字。西夏文字形體方正，筆劃繁冗，結構仿漢字，又有其自身特點。

然而，在人類的戰爭中，根本就沒有勝利者可言。西夏在戰役中雖多次取勝，卻抵償不了戰爭所帶來的消耗。由於戰爭，北宋和西夏雙方的正常貿易停止了，西夏百姓的生活必需品嚴重匱乏，這引起了人們的不滿，百姓怨聲載道。最終西夏統治者被迫向北宋提出議和。

北宋的皇帝宋仁宗早就希望停止戰爭了，他欣然同意了議和的請求。雙方約定：西夏取消帝號，名義上向宋稱臣，宋冊封其爲夏國主，宋夏戰爭中雙方所擄掠的將校、士兵、民戶不再歸還對方；宋朝每年給西夏銀5萬兩，絹13萬匹，茶2萬斤，在各種節日還要賜給西夏銀22000兩，絹23000匹，茶1萬斤。兩國重開邊境貿易，恢復民間商販往來。

看到這裡，我們不禁有一個疑問，西夏既然向宋稱臣了，北宋爲什麼每年還要給它這麼多財物呢？

原來，這個和議的主要目的是停止戰爭、恢復貿易。李元昊名義上向宋稱臣，實際在國內仍自稱爲皇帝。對於此舉，北宋也是抱著無所謂的態度，因爲在宋朝皇帝看來，只要西夏不再騷擾宋朝邊境，就萬事大吉了。但作爲中原的正統王朝，當然要在名義上有一個說法，那就是西夏向自己稱臣，代價則是給西夏錢財和他們所需要的物品。

宋夏之間的和議結束了兩國長期對峙的戰爭局面，雙方重開邊境貿易，加強了雙方的經濟文化交流。從這個角度來講，議和要比戰爭強得多。

55 抗金英雄岳飛的《滿江紅》中說「靖康恥，猶未雪」，「靖康恥」是怎麼一回事，竟讓這位英雄如此痛心？

1115年，女真貴族首領完顏阿骨打在中國的東北地區建立了一個政權，定國號為金。

隨著金國勢力的強大，統治者有了統一全國的野心，第一個目標當然是離他最近的遼國。此時的遼國國力衰退，根本打不過勃勃生機的金。

此時的北宋皇帝徽宗與大臣蔡京、童貫等人認為遼就要滅亡了，金會取而代之，北宋何不趁此時機與金聯合滅遼，這樣既可以向金示好，更可以和金協商收復五代十國時石敬瑭獻給遼國的那燕雲十六州之地。

此計策商定後，徽宗便派使者渡海與金國聯繫。為什麼要渡海呢？因為當時金與宋之間夾著一個遼國，雙方無法通過陸上往來，只能渡渤海。

最終雙方商定：宋金按商定的進軍路線攻遼，金軍攻取遼的中京大定府（今內蒙古寧城境內），宋軍攻取遼的南京析津府（今北京）和西京大同府（今山西大同）。宋同意在滅遼後，將原來給遼的歲幣轉而給金，金則答應將燕雲十六州還給宋。

誰知，北宋的軍隊如此不會打仗，在進攻燕京（即遼南京析津府）時，面對日薄西山的遼軍仍吃了敗仗。權臣童貫不得不秘密派使者到金營，請求金國出兵攻打燕京。結果金兵不費吹灰之力就將其拿下。

事後，金國指責北宋沒有兌現「攻陷遼南京」的承諾，拒絕歸還燕雲之地。經過交涉，北宋答應給金二十萬兩白銀、三十萬匹絹，還交納了「燕京代租錢」一百萬貫，而金只交還燕雲十六州中的六個州及燕京。特別是金軍在撤出燕京城前還將城內財物和人口搜刮一空，宋接收的只是一座空城而已。

位於浙江杭州岳王廟中的岳飛像。岳飛力主抗金，他率領岳家軍同金軍進行了大小數百次戰鬥，所向披靡。然而，就在岳飛北伐即將取得勝利的時候，南宋朝廷卻命其退兵。最終，岳飛被秦檜陷害致死。

金滅遼後，看到了北宋的軍事實力還不如遼，於是分兵兩路南下攻宋。結果，金兵基本沒遇到抵抗，就打到了太原城和燕京城下，宋將郭藥師不僅投降，還指引著金兵攻打宋朝都城。

宋徽宗慌忙下了「罪己詔」，承認曾經聯金攻遼的錯誤，並號召各地軍民入京增援，自己則決定南逃，讓太子趙桓留守京城，抵禦金軍。後來，徽宗自知大勢已去，決定禪位給太子趙桓，趙桓就是宋欽宗，他改年號為靖康。

然而，金軍實力強大，都城汴京（今河南開封）又無險可守，1127年，金兵攻入汴京，將徽、欽二位皇帝以及皇族、妃嬪、朝臣、能工巧匠等三千多人，押往金國，北宋滅亡，史稱「靖康之變」，又稱「靖康之恥」或「靖康之難」。

幸虧宋徽宗的第九個兒子康王趙構順利逃出，並在南方登基稱帝，即宋高宗，這才延續了宋朝的香火不滅。然而，靖康之恥深深地刺痛了中原人的心，南宋著名抗金將領岳飛在《滿江紅》中寫道：「靖康恥，猶未雪，臣子恨，何時滅！」洗雪靖康之恥，成為他抗金的動力。

56 南宋同意聯合蒙古滅金，最後卻被蒙古所滅，這算不算引狼入室？

1127年，北宋被金所滅。宋徽宗的第九個兒子康王趙構在大臣的幫助下在江南登上了帝位，定都臨安（今浙江杭州），史稱南宋，由此形成了南宋與金對峙的局面。但是，從當時的疆域來看，南宋不過是偏安在東南一角的政權。

南宋建立時，也進行過由岳飛、韓世忠、劉光世、張浚等抗金將領指揮的北伐戰爭。然而，隨著秦檜被任命爲相，推行求和政策，這些大將不是被撤職就是被陷害至死，北伐戰爭不再繼續。

南宋時人繪《中興四將圖》。此圖繪有南宋四將岳飛（上圖左二）、張浚（上圖右一）、韓世忠（下圖左一）、劉光世（下圖左三）及他們各自侍者的全身立像。四將肖像旁邊的墨筆楷書均為清代乾隆帝所題。

就在宋金對峙時期，北方的另一個勢力發展並強大起來，這就是蒙古。蒙古最初曾隸屬於金朝，但隨著蒙古族內部的統一和實力的逐漸強大，便打起了金朝的主意。此時金朝正全力向南宋進攻，沒意識到暗藏的危機。

成吉思汗臨死前，囑咐他的兒子要利用宋金的矛盾滅金。這一戰略無疑是正確的。當時，金朝爲達到擴充疆域和掠奪財物的目的，不斷南侵。直到金哀宗繼位才意識到此時的金朝國力日漸衰弱，他雖宣佈不再南侵，但爲時已晚。宋、金兩國結怨已深，這使兩國和解並聯合抗蒙的可能化爲泡影。

後來，成吉思汗的兒子窩闊台果然派使臣到南宋，提出聯合滅金的請求。南宋皇帝很贊成，也遣使前去。最終雙方達成協議：南宋同意蒙古借道攻金，蒙古答應滅金後將黃河以南的中原地區歸還南宋。

1233年，蒙古大軍南下攻打金南京（今河南開封），金哀宗迫於蒙古軍隊的威脅，不敢堅持抵抗，逃到了蔡州（今河南汝南）。此後，蒙軍由塔察兒率領，南宋軍由孟珙率領，聯合攻金。南宋運糧三十萬石援助蒙古攻打蔡州。宋軍主攻南面，蒙軍圍攻東、西、北三面。1234年正月，宋蒙兩軍分別自南門和西門攻入蔡州城，金哀宗自縊而死。金朝滅亡。

然而，就在金朝滅亡後，蒙古卻對這個昔日的盟友南宋起了歹心，四十年後，南宋也滅亡在蒙古人的手中。

從表面上看，南宋聯蒙滅金是引狼入室，再次犯了北宋聯金滅遼的錯誤。其實，金哀宗逃至蔡州以後，已難逃滅亡的命運，南宋若此時與金聯合，反而會讓蒙古遷怒於宋。到時候蒙古很可能兵分兩路攻打金和宋，這是以「求和」爲理念的南宋朝廷所不願意看到的。此外，站在南宋的角度想，攻滅金朝是自己一直的夙願，現在這個願望就要實現了，作爲南宋統治者當然樂於接受。再有，兩宋一直是與北方少數民族政權對峙存在的，在宋朝統治者看來，北方新興起一個蒙古，無非是多了一個要財物的，就像此前宋遼、宋夏、宋金議和一樣，也許南宋皇帝根本沒想到蒙古有消滅自己的野心和決心。

由此看來，南宋聯合蒙古滅金，情況比較複雜，不能簡單視作引狼入室。

57 毛澤東曾說：「一代天驕，成吉思汗，只識彎弓射大雕。」難道這位蒙古統治者眞的只會打鳥嗎？

成吉思汗畫像

成吉思汗名叫鐵木真，出身於蒙古族之家。他九歲時，父親被人毒死，部眾離散，他只得跟隨寡母艱難度日。

長大後，鐵木真依附於蒙古高原最強大的克烈部首領脫里，並尊他爲父。在脫里的幫助下，鐵木真重新將他父親的舊部下聚集起來，同時又結交了新的部落首領，逐步發展起自己的勢力來。他廣結盟友，選賢任能，吸引了許多蒙古部眾來投奔，最終被推爲可汗。「可汗」又稱作「大汗」，本是王朝、神靈和上天的意思，後來成爲對部族首領的尊稱。

隨著鐵木真勢力的逐漸強大，他開始發動兼併戰爭。到了1206年，蒙古高原百餘個大小部落均統一在鐵木真的旗幟下。隨後蒙古貴族們在斡難河（今鄂嫩河）源頭召開大會，他們爲鐵木真上尊號「成吉思汗」，鐵木真也正式登基成爲蒙古國大汗，這是蒙古國的開始。

尊號之所以取爲成吉思汗，有不同的說法。一是認爲「成吉思」是「大海」的意思，以此頌揚他是和海一樣偉大的大汗。還有一種說法認爲鐵木真登基前三天，每天清晨都有一隻五色鳥鳴叫，聲音就像「成吉思」「成吉思」，當時人們認爲這是一種吉兆，所以稱爲「成吉思汗」。

蒙古國建立後，成吉思汗勢力更盛，開始對外發動大規模戰爭。經過二十餘年的蒙夏戰爭，西夏國王不得不投降。接著，成吉思汗又親率大軍進攻金朝，開始了爲期24年的蒙金戰爭。這期間，成吉思汗封木華黎爲太師，讓他指揮攻金戰爭，自己則率主力返回蒙古準備發動西征。這次西征，蒙古大軍深入俄羅斯，遠到克里米亞半島，在世界歷史上都產生了重大影響。

成吉思汗班師回國，正準備集中全力滅金時，卻在1227年病逝了，終年66歲。臨終前，成吉思汗囑咐自己的兒子說：「宋朝和金朝世代有仇，我們可利用他們之間的仇恨，聯合宋朝一起滅金。」後來，成吉思汗的兒子窩闊台和拖雷遵從父親的戰略，於1234年滅了金朝。

成吉思汗一生戎馬生涯近50年，施展雄才大略，依靠一批能征善戰的將領和謀士，利用騎兵優勢，創造了震撼世界的戰績：

統一蒙古各部，發動西征，攻金滅夏，爲元朝的建立奠定了基礎。但他發動戰爭多以軍事擴張和擄掠財物爲目的，其作戰也是野蠻殘酷的，比如大規模屠殺當地居民，毀滅城鎮田舍，後人對這些舉動也頗有微詞。從這個意義上說這位天之驕子確實「只識彎弓射大雕」，即只恃武功而不知文治。

然而，成吉思汗也並非一點文治都沒有，他頒佈的《成吉思汗法典》，是世界上第一套應用範圍最廣泛的成文法典，同時也是世界上最早的憲法性文件。此外，他還建立了軍政合一的千戶制以鞏固政權。因此，成吉思汗在被譽爲軍事家的同時也是一位政治家。

58 元朝有一類人被稱爲色目人，是因爲他們的眼睛五顏六色嗎？

元朝是一個社會等級很嚴的朝代，元朝統治者把治下的人民劃分爲四等，分別是：蒙古人、色目人、漢人和南人。其中的色目人是元朝對除蒙古以外的西北各族、西域以至歐洲人的概稱。「色目」這個詞的意思是「各色名目」，表明其種類繁多，與眼睛的顏色沒有什麼關係。

元朝是中國古代史上紙幣的鼎盛時代。中統元年（1260）忽必烈登基後，發行以絲為本的交鈔，並在十月進一步推出「中統元寶交鈔」。這種鈔票發行之初，以白銀為本位，任何人持中統鈔都可按銀價到官庫兑換成白銀。1285年開始，全國禁用銀錢購買物品，「中統元寶交鈔」成為當時唯一合法的流通貨幣。

元朝的色目人有多少種，說法不一，而且很難精確計算。元末人陶宗儀在《南村輟耕錄》中列舉了31種，清人錢大昕的《元史氏族表》則列有23種。色目人中以回回人爲最多，因而有時也用「回回人」代稱「色目人」。回回人外，還有汪古人（今內蒙古大青山一帶）、西夏人（又稱河西人，今寧夏、甘肅一帶）、畏兀兒人（即今維吾爾先民，當時主要在新疆東部）、哈剌魯人（中亞巴爾喀什湖以南一帶）、康巴人（中亞鹹海以北一帶）、欽察人（中亞黑海以北一帶）、阿速人（西亞高加索）、阿兒渾人（中亞七河流域至楚河流域一帶）以及當時的歐洲人（稱發郎或指郎人）等。

色目人是在元朝的建立和統一全國的過程中大量進入漢族居住地區的，他們作爲蒙古人征服中亞和西域的歸附者受到了元朝統治者的重視，被列爲元朝四等人中的第二等，待遇僅次於蒙古人。

元朝的授官、獎懲基本都是按照等級執行的。身爲第二等級的色目人常常身居要職，有的擔任軍隊將領，有的擔任政府官員，有的是勾通官府的大商人。在科舉方面，色目人和蒙古人也都享受著特殊的照顧。即使犯了法，色目人也和蒙古人一樣由特殊的機關進行處理，如果是等級低的人傷害色目人，還要對他們加重處罰。

另外，色目人中具有理財和經商才能的人不少，這些人往往擔任著元朝政府的財政大員。像元世祖忽必烈時的阿合馬就是一例。阿合馬是回回人，他掌理財政時，以清理戶口、推行專賣制度、發行鈔票（當時稱交鈔）等方式來增加政府收入。後來，他又在江南實行藥材專賣政策，使元初的財政收入大大增加。

隨著時間的推移，一些色目人因長期在中國生活，接受漢族文化的薰陶，生活方式有了改變，成爲中國多民族大家庭中的重要組成部分。

59 有人說元朝的滅亡是因爲治理黃河導致的，這是眞的嗎？

黃河既被稱爲中華民族的母親河，又被稱爲災難河，原因就在於它時常決口，氾濫成災。

從元朝建立一直到它滅亡的近百年時間裡，黃河決口達到六七十次之多，平均一年多就氾濫一次，決口處則有二三百。這樣的水患，導致莊稼被淹沒，人民流離失所，階級矛盾激化。

面對這一情況，元朝統治者決心大規模治理黃河的水患，以穩固統治。

元順帝至正八年（1348），皇帝任命賈魯爲負責堤防事物的行都水監使。賈魯沿黃河河道實地考察，往返數千里不辭勞苦，取得了治河的第一手資料，並向朝廷進獻繪圖報告，提出治河方案。

河南省境內有一條河名叫賈魯河。有人考證，賈魯河的前身是楚漢相爭時的「鴻溝」。當時此河水量充沛，時常氾濫，因此被稱為「小黃河」。元至正年間，賈魯奉命治理黃河水患，這條「小黃河」也得到加固整修。為感激賈魯治河之恩，後人就把這條河改名為賈魯河。圖為如今的賈魯河，其水量已不像古時那樣豐沛。

此後，在丞相脫脫的舉薦下，賈魯被任命爲工部尚書，全力負責治河事務。結果黃河又恢復了故道，水患得以控制。然而，正是這一次治河，引發了農民起義，終使元朝走向滅亡。

當時，韓山童、劉福通利用治河這個時機，編造出「石人一隻眼，挑動黃河天下反」的民謠，四處傳播。同時，他們暗地裡鑿了一個獨眼石人，在其背上刻上「莫道石人一隻眼，此物一出天下反」幾個字，埋在了即將挖掘的黃陵崗附近的河道上。

賈魯治河不久，民工便挖出了這個獨眼石人，消息不脛而走，大河南北，人心浮動。韓山童、劉福通乘機發動起義。從此，各地起義軍接連不斷，終於推翻了元朝的統治。

從這個層面上說，元朝統治者治理黃河確實是搬起石頭砸自己的腳，非但沒有達到解決人民生計、穩定統治的目的，反而造成了自己的滅亡。然而，這只是表面現象，甚至是一個說辭而已。元朝末年，吏治腐敗，財政惡化，加之自然災害頻發，流民大量出現，他們早就對元朝的統治不滿。加之朝廷分撥下來的錢財又被層層克扣，導致河工與政府的矛盾加深。韓山童等人不過是利用修河這一時機，煽動人民發動起義。可見，元朝的滅亡終歸還是自身內部腐敗造成的。

60 中國歷史上出身最低微的皇帝是誰？

中國歷史上出身最低微的皇帝首推明太祖朱元璋。

朱元璋原名朱重八，為什麼起了這樣一個奇怪的名字呢？一種說法是元代有個規定：凡是老百姓因沒錢不能上學或當不了官的都不允許起名字，只能以父母年齡相加或者出生的日期來命名。照這個邏輯，朱元璋名叫「重八」，很可能是因為他父母生他時年齡相加剛好88歲。還有一種說法是朱元璋剛生下來的時候，身上有蟲子在爬，他父親就給他起名叫「蟲扒」，後又改為

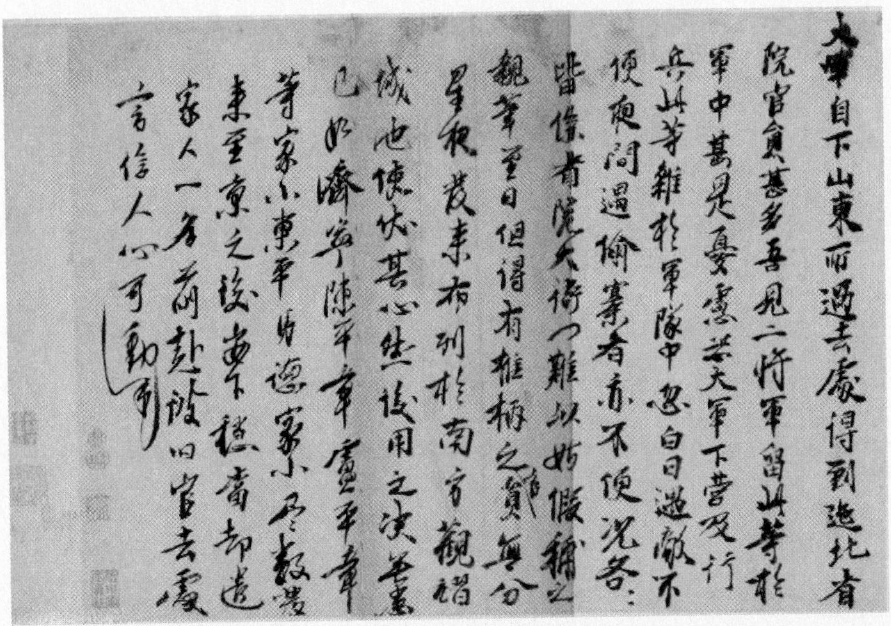

明洪武皇帝朱元璋所書《大軍貼》（現藏北京故宮博物院）。此帖是朱元璋寫給部將的一封信。從內容分析，此時朱元璋已經消滅陳友諒、張士誠等勢力，正全力攻打北方，戰事頻繁。大軍所到之處，投降的元朝官員很多，就如何妥善處置這些官員，朱元璋寫信曉諭部下。

重八。總之，朱元璋從小就生活在一個貧困的家庭裡。

後來，朱元璋生活的江淮地區遭遇了罕見的旱災和蝗災，接著瘟疫大範圍流行，朱元璋的父親、大哥以及母親先後去世。朱元璋和二哥眼看著親人一個個死去，卻沒錢買棺材安葬，甚至連塊埋葬親人的土地都沒有。最終，好心的鄰居劉繼祖給了他們一塊墳地，兄弟二人找了幾件破衣服包裹好屍體，將父母安葬了。

迫於生計，朱元璋只好來到皇覺寺當和尚。他在寺裡每日掃地、上香、打鐘擊鼓、燒飯洗衣，忙得團團轉，時不時還受到老和尚的斥責。朱元璋雖窩了一肚子火，卻不敢發洩。然而，隨著饑荒的嚴重，寺裡的糧食也不夠吃了，皇覺寺主持只好讓僧人外出乞討，於是朱元璋又成了乞丐。可令朱元璋想不到的是當叫化子居然也分等級，寺裡地位高的人可以到周邊富裕人家乞求施捨，而朱元璋地位很低，不得不跑到很遠的地方，經常因求不到食物而挨餓。

此時，由於元朝的高壓政策和政治的黑暗，引發了紅巾軍大起義。朱元璋聞聽這個消息，心想天天乞討終不是個辦法，或許有一天會被餓死或是被元朝官軍抓走。恰巧，朱元璋收到兒時夥伴湯和的信，信中邀請朱元璋參加郭子興的起義軍。於是，朱元璋放下缽盂，投奔了郭子興的紅巾軍。這一年，他25歲。

朱元璋當兵英勇善戰，深得郭子興賞識，甚至把自己的養女馬氏許配給他，馬氏就是後來的馬皇后。

郭子興死後，朱元璋成了這支起義軍的統帥。他東征西討，統一江南。1368年，朱元璋稱帝，國號大明，年號洪武，建都應天府，就是今天的南京。同年，明朝大軍攻克了元朝都城，元順帝北逃，元朝滅亡。

從一個乞丐最終登上了皇帝的寶座，恐怕在兩千多年的封建帝制史上是前無古人後無來者了。

61 皇帝詔書開頭總說「奉天承運皇帝詔曰」，這是什麼意思呢？

看明清宮廷電視劇時，我們常聽到太監在宣讀聖旨的時候說「奉天承運皇帝詔曰」。奉是遵照的意思，奉天就是遵從上天的旨意，也就是說皇帝是受命於上天的。「承運」是繼承新生的氣運。「奉天承運」就是皇帝以天子的身份代天來行使權力，傳承國運大統的意思。

「皇帝詔曰」四字可以追述到秦始皇統一天下時期。秦始皇認爲自己的功績比前代的任何帝王都大，所以他不滿足於「帝」「王」這樣的稱號了，他要把「三皇五帝」之名綜合在一起，於是稱自己爲皇帝。皇帝下的令叫作「詔」，他的玉璽上刻有「受命於天，既壽永昌」八個字，以昭示他坐皇帝這個大位的神聖性和合法性。可見「皇帝」「詔」都是由秦始皇最早使用的。

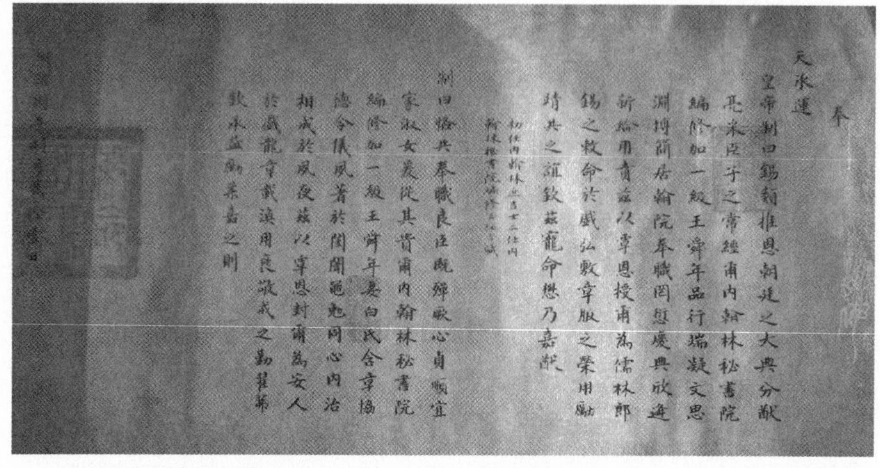
奉
天承運
皇帝制曰錫類推恩朝廷之大典分猷
亮采臣子之常經爾內翰林秘書院
編修加一級王甯年品行端凝文思
淵博簡居翰院奉職罔愆慶典欣逢
新綸用賁茲以覃恩授爾為儒林郎
錫之敕命於戲弘敷章服之榮用勵
靖共之誼欽茲寵命懋乃嘉猷
制曰恪共奉職良臣既殫厥心貞順宜
家淑女爰從其貴爾內翰林秘書院
編修加一級王甯年妻白氏含章協
德令儀夙著於閨闈黽勉同心內治
相成於夙夜茲以覃恩封爾為安人
於戲寵章載渙用昭敬戒之勤翟茀
欽承益勵柔嘉之則

順治時期頒佈的制書，開頭寫道：奉天承運皇帝制曰。制書，就是皇帝說的話，所謂「天子之言曰制，書則載其言」。

漢承秦制，並逐步建立起了一套完備的制度。「詔曰」這兩個字就是最早出現在漢代帝王的文書中，之後被沿用下來的。

要說「奉天承運皇帝詔曰」連用在帝王的詔書上，還是從明朝開始的。

明太祖朱元璋從乞丐的身份，一步步奪得了天下。他感覺自己能當上皇帝是出於天意，因此認爲自己這個皇帝是「奉天承運皇帝」。後來，他將群臣集體上朝的正殿定名爲奉天殿，在他自己所執的大圭上刻了「奉天法祖」四個字，他對臣下發佈詔命的第一句開頭也必稱「奉天承運皇帝詔曰」，就是「奉行傳承國運大統的皇帝昭告天下說」的意思。

需要指出的是，有人認爲「奉天承運皇帝詔曰」這句話的正確讀法應該是「奉天承運皇帝，詔曰」，而不是電視劇中常聽到的「奉天承運，皇帝詔曰」，也是有一定道理的。

清代承襲明代的規矩，詔書上也多以「奉天承運皇帝詔曰」開頭，中間是詔示的內容，最後一般以「佈告天下咸使聞知」或「佈告中外咸使聞知」結尾，就是昭告天下，讓大家都知道的意思。詔書以外，清代還有「制辭」，又叫「制書」，它的開頭一般是「奉天承運皇帝制曰」。

到了1912年，隨著宣統皇帝發佈退位詔書，「奉天承運皇帝詔曰」也終於進入了歷史。

62 朱元璋建立明朝後定都南京，爲什麼他的兒子永樂皇帝朱棣卻要將都城遷到北京呢？

1368年，明太祖朱元璋稱帝，把南京定爲都城。此時的朱元璋面臨著三個難題的困擾。第一，元朝的都城大都（今北京）在北方，是全國的政治中心。現在突然把政治中心移到南方，是否還能有效地對全國進行統治。第二，元朝的殘餘勢力仍虎視中原，伺機南下，建都南京對控制北方局勢有鞭長莫及之感。第三，南京皇宮是填湖所建。建成之後，地表下沉，朱元璋認爲這破壞了風水，對子孫後代不利。朱元璋也有遷都的打算，但最終都放棄了。

朱元璋死後，他的第四個兒子燕王朱棣發動政變，奪取了

北京故宮博物院鳥瞰。故宮又稱紫禁城，建成於明永樂十八年（1420），是明、清兩代的皇宮。故宮全部建築由「前朝」與「內廷」兩部分組成，四周有城牆圍繞，四面由筒子河環抱。城四角有角樓，四面各有一門。

侄子朱允炆的帝位，自己當了皇帝，他就是永樂皇帝。

永樂皇帝登基後便大力提升燕京北平府（今北京）的地位，以北平爲北京。不久，又下詔在北京修建皇宮。永樂十九年（1421）永樂皇帝下詔正式遷都北京，改北京爲京師。

放著許多國家大事不去處理，永樂皇帝爲什麼一登基就要遷都呢？原因大致有四點：

首先，北京這個地方是朱棣的「大本營」，這裡有他自己的勢力和親信，佔有天時、地利、人和。早在洪武元年（1368），元朝的大都城被徐達攻克，大都改稱北平。洪武三年（1371），朱棣被封爲燕王，在北平設立王府。從此，北京地區就成了燕王朱棣的根據地，他在北京經營了三十多年，當然不願意在人生地不熟的南京做皇帝了。

其次，朱棣的皇位是從侄子朱允炆手裡「搶」來的。朱元璋的長子朱標死在父親朱元璋的前頭，於是朱元璋就把皇位傳給了朱標的兒子朱允炆，即建文帝。當時，明朝爲了防止蒙古勢力的南侵，兵權大多掌握在北方的幾個藩王手裡，其中以燕王朱棣的勢力最爲強大。朱允炆感到藩王對政權的威脅，便聽從大臣黃子澄的建議著手削藩。這引起了藩王們的不滿和恐懼，燕王朱棣打著清除皇帝身邊逆臣的旗號發動靖難之役。雙方交戰四年，最終朝廷軍隊兵敗，朱允炆自焚於宮中。朱允炆身邊的大臣多不服從朱棣，不肯出城迎接這位新皇帝，朱棣不得不將他們殘忍地處死。可見，當時南京朝中的大臣在心理上是支持和懷念建文帝的，如此朱棣如何維護和發展自己的統治呢？只有遷都北京，朱棣才能佔住天時、地利、人和。

第三，南京地處長江下游，在軍事防禦上處於不利的地理位置，敵人可沿長江東下直抵南京。這也是朱棣發動政變，較爲容易地拿下南京的原因。這個錯誤朱棣是不會再犯的。反觀北京，位於華北平原的北端，三面環山，俯瞰中原，交通便利，形勢險要，號爲形勝，是北方的軍事要地，不僅可以抗擊蒙古軍隊的南侵，還可以進一步控制東北，有利於維護全國的統一。

第四，當年朱元璋不喜歡以南京爲都城還有一個原因，就是在南京建都的六朝── 三國時期吳國、東晉、南朝的宋、齊、梁、陳，每朝的統治時間都不長。他擔心自己的子孫氣數也不長。果然，建文帝在位只有四年。永樂皇帝遷都北京，也是爲了打消這個不吉利的徵兆，給自己一個好的心理暗示吧。

63 明朝皇帝命鄭和七次下西洋，是爲了尋找什麼寶物嗎？

鄭和下西洋是世界航海史上的一件大事，後來人們還將這一事件改編成了電視劇和動畫片。

鄭和本名叫馬三寶，出生於雲南的一個世家。洪武十三年（1381），明朝大軍進攻雲南，年僅10歲的馬三保被俘虜進了明朝大營，受宮成爲太監。

後來，馬三寶被派到朱棣的燕王府服務。靖難之役中，他爲朱棣立下了戰功。朱棣做皇帝後，賜馬三寶姓鄭，改名爲和。於是才有了鄭和這個名字。

永樂三年（1405），明成祖做出了一個驚人的決定，他命鄭和率領由二百四十多艘海船、兩萬七千多名船員組成的龐大船隊遠航，訪問位於西太平洋和印度洋的國家和地區。此後，直到宣德八年（1433）鄭和去世，如此規模的遠航又進行了六次之多，最遠到達了非洲東海沿岸和紅海沿岸。

鄭和的船隊每到一國，首先向當地國王或酋長宣讀詔書，舉行隆重的冊封典禮，賞賜寶物。除了建立藩屬關係之外，鄭和還奉命調解各國間的紛爭。

除了賞賜之外，鄭和也從西洋帶回了許多寶物。鄭和的船隊，又名取寶船，船隊從西洋各國獲取珍珠、瑪瑙、香料、奇禽異獸等「寶物」，運回明朝。當然，這些物品主要是供皇家和貴族享受的，並不能轉化爲國庫收入，更不可能在災荒時用來賑濟災民。

需要指出的是，明朝當時遵循「賞賜厚宜」的原則，也就是說賞賜給各國的物品要比自己收到的物品多得多。可見，鄭和下西洋的目的不是爲了尋找什麼寶物。

其實，朱棣派鄭和下西洋主要目的是想宣揚國威，展示明朝的實力，建立自己的聲望。當時的明朝雖經歷了靖難之役，但百姓生活沒有遭到大的影響。隨著經濟的恢復，社會的發展，明朝國力日盛。明成祖朱棣要向海外各國展示一下明朝這個天朝大國的實力，同時也借著這幾次航海行動顯示自己的兵力，以使各國臣服並前來朝貢。從結果看這一目的是達到了，所到國家紛紛派遣特使隨鄭和到中國，像東非麻林國（位於今坦尚尼亞境內）特使還進獻了「麒麟」，其實就是長頸鹿。

鄭和第四次下西洋到達了阿拉伯及東非等國家，這些國家紛紛遣使隨鄭和寶船來中國，其中麻林國贈送了一隻「麒麟」，其實就是長頸鹿。中國自古以來視「麒麟」為瑞獸，所以，當麻林國奉獻「麒麟」時，轟動了朝廷，當時萬人空巷爭睹「麒麟」風采，場面十分壯觀。

而朱棣派鄭和下西洋的另一個目的則與建文帝有關。據說，建文帝兵敗在宮中自焚後，卻沒找到屍體，明成祖懷疑他並沒有死而是逃到了海外，恐怕他將來會借助其他國家的力量殺一個回馬槍，奪了自己的帝位。所以，他派鄭和下西洋暗中偵察建文帝的下落，以杜絕後患。當然，結果是兩手空空。

鄭和下西洋的目的雖然是從皇帝個人角度出發的，但這七次航海行動加深了中國同東南亞、東非等國家政治、經濟和文化上的交流。而鄭和本人也因航海探險時間早於麥哲倫、哥倫布、達・伽馬等航海家，成爲「大航海時代」的先驅。

64 明朝有一位皇帝外號「蟋蟀天子」，你知道他是誰嗎？

中國歷史上有外號的皇帝不少，像梁武帝蕭衍迷信佛教被稱為「皇帝菩薩」，唐中宗李顯不辨是非、愛和稀泥被稱為「和事天子」，遼穆宗耶律璟晚上酗酒、白天睡覺被稱為「睡王」。到了明代，有了一位皇帝外號「蟋蟀天子」，他就是明宣宗朱瞻基。

據說朱瞻基出生的那天晚上，他的皇祖父當時還是燕王的朱棣曾經做了一個夢，夢見自己的父親太祖皇帝朱元璋將一個大圭，就是一塊寶玉賜給了他，在古代，圭象徵著權力，這說明朱元璋要將江山交給他。朱棣醒來後正在回憶夢中的情景，忽然有人報告說他的孫子降生了，這就是朱瞻基。朱棣馬上跑去看孫子，只見他長得非常像自己，加之剛才做夢的吉兆，從此對這個小孫子倍加疼愛。

後來，朱棣發動靖難之役，奪了侄子的位做了皇帝，是為明成祖。成祖將朱瞻基立為皇太孫，並多次讓他隨自己征討蒙古，傳位之意非常明顯。

果然，成祖死後傳位給了朱瞻基的父親朱高熾，就是明仁宗。仁宗死後，朱瞻基榮登大寶，就是明宣宗。

明宣宗從小就有一個愛好——鬥蟋蟀。他當了皇帝以後，對鬥蟋蟀更是達到了癡迷的程度，經常讓宦官出宮高價購買上好的蟋蟀。所謂上行下效，鬥蟋蟀之風從此在全國盛行起來，蟋蟀的價格也扶搖直上。因為當時稱呼蟋蟀為促織，所以人們就給宣宗皇帝起了個外號叫「促織天子」，其實就是「蟋蟀天子」的意思。

後來，宣宗覺得北京的蟋蟀不好，又派太監四處採辦。當時，蘇州的蟋蟀最是上乘，宣宗便特意命令蘇州知府協助太監採辦1000隻蟋蟀。上命下達，地方官又想以此作爲自己升遷的業績，於是知府和太監聯手將這項任務攤派給了當地的百姓，結果弄得雞犬不寧。

《明宣宗行樂圖．捶丸》。《宣宗行樂圖》是以明宣宗朱瞻基遊樂為主題創作的。捶丸的意思是擊球，這種遊戲來源於唐代的「步打球」，與現代的曲棍球十分相似，球進洞穴就得一分。

據說當地一個糧長用一匹馬換取了一隻好蟋蟀，準備以此交差。不料他的妻子隨手打開蟋蟀罐子想目睹一下這隻蟋蟀的真容，結果蟋蟀跑掉了。妻子自知闖下大禍，便自殺了。糧長見家破人亡又無法向官府交差也上吊了。到了清代，小說家蒲松齡根據這一故事情節，稍加改編，寫成了《聊齋志異》中的《促織》一文。

明宣宗不僅喜歡鬥蟋蟀，還喜歡玩賞香爐。如今古玩界大名鼎鼎的「宣德爐」就是宣宗時期鑄造的。因爲明宣宗的年號是宣德。宣德爐是中國歷史上第一次用黃銅鑄成的銅器，它由皇帝親自確定圖樣並監督製造。

由此看來，明宣宗朱瞻基是明朝最會「享受宮廷生活」的皇帝之一。

65 在明代大臣于謙的努力下，被蒙古瓦剌俘虜的英宗皇帝才被放回，但英宗爲什麼恩將仇報，反而殺死于謙呢？

瓦剌是蒙古族的一支。明朝建立後，它時常侵擾北部邊境。

明英宗正統十四年（1449），瓦剌部落也先以明朝減少賞賜爲藉口，兵分四路進攻明朝。

平時專權且作惡多端的太監王振不顧朝臣的反對，唆使明英宗御駕親征。英宗對王振的話言聽計從，他命自己的弟弟郕王朱祁鈺留守，自己率軍二十萬出征。然而，就在明朝大軍行至土木堡（今河北懷來東）時，被瓦剌軍隊團團圍住。結果，明全軍覆沒，王振被部下殺死，明英宗則成了瓦剌的俘虜。

英宗被俘的消息傳到京城，皇宮內驚慌一片，有大臣甚至建議遷都南方。此時，大臣于謙站了出來，他認爲保衛京師是根本，凡是主張南遷的都是叛國，定斬不饒。爲了不讓瓦剌以英宗爲人質來要脅大明，于謙建議皇太后立朱祁鈺爲皇帝。於是，于謙臨危受命，任兵部尚書。朱祁鈺則即皇帝位，遙尊英宗爲太上皇，改年號爲景泰。

于謙建議景泰皇帝當眾宣佈王振的罪狀，下令抄沒其家產，懲辦其同黨。京城百姓人心大快，紛紛表示：要齊心協力保衛京城。

此外，爲了加強戰鬥力，于謙從各地調來將士，日夜趕造武器。在京師周圍，大量佈置兵力，還加強了軍隊的日夜操練。

位於北京東城原西裱褙胡同23號（今建國門內大街南側）的于謙祠，原有門匾書「於忠肅公祠」。于謙被殺害後，憲宗皇帝特詔追認複官，將其故宅改為忠節祠。

果然不久，瓦刺首領也先以歸還英宗爲名率軍打到北京城下，在西直門外紮營。說是歸還其實就是以英宗爲人質，向明朝要脅。兵部尚書于謙分兵派將，在京城九個城門外佈置人馬。駐守在德勝門外的一支由他親自率領。經過五天的激戰，也先兵敗撤軍。京師保衛戰的勝利，粉碎了瓦刺軍企圖奪取北京的野心，明王朝轉危爲安。

瓦刺戰敗後，也先覺得留著英宗也沒有用處。於是，他想了一個計策，表示要主動歸還英宗，因爲當時朝中有一個景泰帝，俗話說「一山不容二虎」，也先試圖以此造成明朝的內亂，給自己以可乘之機。

景泰帝有私心，不願接回哥哥英宗。于謙則安慰他說：「天位已定，陛下請放心。」景泰帝這才勉強同意接英宗回京。可見，英宗的回朝于謙是起了很大作用的。

然而，英宗是以太上皇身份回來的，景泰帝不讓他在皇宮居住，實際上是將其軟禁起來，還派人嚴加看守。

七年後，景泰帝病重。當時的朝臣徐有貞、石亨和宦官曹吉祥都憎恨于謙，他們設計讓英宗復位，又合謀以「謀反」罪名，逮捕了于謙等當年擁立景泰帝的朝臣。其實，明英宗是不忍殺害于謙的，還說于謙當年是有功的。可徐有貞說：「不殺于謙，陛下今日復位就師出無名啦。」於是，英宗爲了自己的名和利，將于謙斬首。

66 中國古代唯一一位實行「一夫一妻」制的皇帝是誰？

弘治皇帝畫像

提到中國歷史上皇帝的後宮，往往用三宮六院七十二妃來形容。其實，一般來說皇帝的后妃不會有這麼多，但實行一夫一妻的則只有明朝弘治皇帝朱佑樘了。

朱佑樘從小是在「苦水」中長大的。他雖是明憲宗的兒子，但是他母親懷孕時，萬貴妃出於嫉妒，想盡辦法要把這個胎兒打掉。朱佑樘出生後，萬貴妃又要溺死他，有惻隱之心的太監悄悄將他藏了起來，秘密養在宮中的安樂堂內。直到六歲時憲宗皇帝才知道有這個皇子的存在，並將其立爲太子。

做了皇帝的朱佑樘最值得稱道的是他不設「三宮六院」，而實行一夫一妻制。他一生只娶了張皇后一人，再無其他嬪妃。甚至朝臣以皇后不生育爲名勸他納妃，他都置之不理。

張皇后出生在今河北滄州的一戶讀書人家，美麗聰慧，深得弘治皇帝喜愛。這對夫婦每日一同起居，就像民間普通的恩愛夫妻一樣。後來，張皇后終於給皇帝生下了太子朱厚照，就是後來的正德皇帝。

我們不禁要問，弘治皇帝爲什麼不納其他妃子呢？這或許和他的童年經歷有關。

弘治皇帝幼時深受萬貴妃的迫害，對皇宮內嬪妃之間的爭風吃醋以及宮闈鬥爭，有著深切體會，所以他不願意招納妃嬪，以免起爭端。另外，有些史書說是因爲張皇后好嫉妒，但歷代後宮好嫉妒的女人很多，爲什麼只有弘治皇帝一人不納妃呢，這個理由很牽強。總之，張皇后是名副其實地集皇帝的寵愛於一身了。

弘治皇帝不僅是一位模範丈夫，還是一位模範皇帝。他即位後，立即將善於諂媚、一味迎合的奸臣趕出了朝廷。他勤於朝政，恢復了午朝制度。他開闢了文華殿議政，以便在早朝與午朝之餘的時間，與內閣大臣共同切磋治國之道。此外，他對朝臣也非常尊重，明朝對大臣所施的廷杖刑罰，他一次也沒有用過。曾經有一段時間弘治皇帝很寵信宦官李廣，並迷信神仙。李廣死後，他以爲李廣家中有天書，命人去搜尋，結果卻搜出了李廣貪污受賄的帳本。他這才醒悟，從此遠離了小人。

在弘治皇帝統治的十八年裡，政治清明，風調雨順，國泰民安，史稱「弘治中興」。皇帝的儒家風範和「克己」理念，獲得了朝野上下的一致好評和讚譽。可惜孝宗因先天不足，身體極弱，加之勤於朝政太過勞累，36歲時就病逝了。

67 因爲自己姓朱又屬豬，明武宗就下令全國禁止養豬，這是眞的嗎？

明朝的一些皇帝很荒唐也很有個性，明武宗正德皇帝就是其中之一。

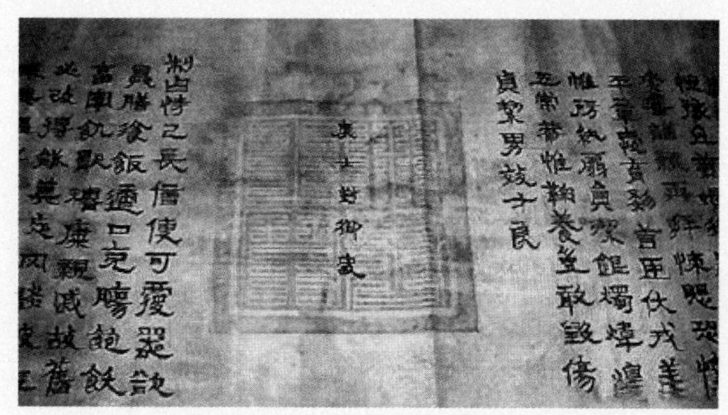

明朝正德皇帝親筆所書的聖旨。聖旨寫在黃色綾綢布上，正文全文共313字，為古隸書字體。

正德皇帝名叫朱厚照，是明孝宗與皇后所生的嫡長子，才降生五個月就被立爲皇太子。八歲時，他正式拜師讀書，接受了皇室的正統教育。14歲時他做了皇帝。

雖然接受了良好的教育，但當了皇帝的朱厚照的某些行爲卻是奇怪的。比如他不住在宮中，而偏偏要住在豹房。豹房建在明朝紫禁城外皇城西北角，裡面養著各種動物，還有教坊樂工和許多女子，武宗在裡面過著荒淫的生活。又如，他不以皇帝自居，卻偏要自稱「威武大將軍總兵官鎭國公朱壽」。

更可笑的是，他居然下令禁止民間養豬。據史料記載，武宗在南巡途中突然頒佈聖旨，禁止民間養豬、殺豬、賣豬。他讓農民把家裡養的豬，殺淨吃光，小豬扔到水裡去。他發佈禁豬令的理由有二：其一，「豬」與自己的姓氏「朱」同音，要避諱；其二，武宗生於辛亥年，生肖屬豬。而對於違犯者的處置是將其全家老小發往邊疆充軍。

這一禁令，幾乎使全國的豬絕了種。次年清明節時，在祭祀典禮上，按制度，禮儀祭品中必須要用牛羊豬三牲，但因爲禁豬令的頒佈，豬近乎絕跡，不得已只能改爲牛羊兩牲，這在古代看來是不成體統的大事。因此，禮部大臣上奏說，如果再這樣下去國家的正常祭典就無法進行了。武宗雖說荒唐，但對於禮法之事也不敢怠慢。就在禁豬令發佈三個月後，皇帝只好將其取消了。

下這種糊塗命令的皇帝，在歷史上也不是唯獨明武宗一人。北宋那位做了金朝俘虜的宋徽宗趙佶，也做過與此類似的事情。趙佶生於元豐五年（1082），這年是壬戌年，所以他的生肖屬狗。徽宗在大臣范致虛的建議下，曾下令「禁天下殺狗，賞錢至二萬」。

需要指出的是，明武宗雖然做出了許多荒唐事，但他在某些大事上卻不糊塗。一次，正德皇帝化名「威武大將軍總兵官鎮國公朱壽」去巡查西北邊境，遇上了蒙古小王子率領五六萬人來侵擾。當時的武宗兵力不足，但他急中生智，先用小部分兵力牽制住小王子，再不斷從其他地方調來兵力。「大將軍朱壽」與士兵同吃住，甚至親自衝上戰場殺敵，極大地提高了士氣，最終打敗了小王子。這一戰體現出這位天子很高的軍事才能和隨機應變的本領。

68 眼看皇后寢宮失火，嘉靖皇帝卻袖手旁觀，不許救火，這是爲什麼？

嘉靖三十一年（1552），嘉靖皇帝下令在武當山北麓建立起一座石牌坊，並親自手書「治世玄岳」四字，它標誌著武當山的地位超越了龍虎山、茅山、青城山等道教名山，成為「天下第一名山」。武當山也因為明皇室的尊崇而達到巔峰時期。

嘉靖二十六年（1547）十一月，方皇后所住的坤寧宮突然失火，因爲是深夜，宮門上了鎖，皇后被困在宮中無法逃出來。宦官們要去救火，嘉靖皇帝堅決不許，還帶人到高臺上觀看火勢，連說：「燒得好，燒得好。」

最終，皇后和數百名宮女全都葬身火海。作爲一個皇帝，他怎麼對自己的皇后如此狠心呢？這還要從五年前的一場宮廷事件說起。

嘉靖皇帝篤信道教，他相信服甘露可以長生，於是命宮女凌晨時分給他採集甘露。最終，宮女們忍受不了皇帝對她們身體和精神上的折磨，決定謀殺皇帝。

1542年冬天，楊金英等16名宮女趁著嘉靖皇帝睡在曹端妃床上時對他下了手。或許是由於太緊張了，她們把繩子打成了死結，怎麼也勒不死皇帝。其中一個膽小的宮女覺得這是皇帝有神靈保佑，於是跑去找方皇后自首。方皇后急忙趕到，把繩子解開，皇帝才得了救。

隨後，方皇后下令逮捕叛亂的宮人。經拷問，楊金英等人承認是按照王寧嬪的指示行刺皇帝的，而王寧嬪一口咬定皇帝的寵妃曹端妃也知情。王寧嬪因與曹端妃有過矛盾，被皇帝罰去採甘露，所以以此來報復。

當時皇帝因爲受到驚嚇，不能說話，所以皇后就以皇帝的名義，把曹端妃、王寧嬪以及楊金英等人一同凌遲處死，並且誅殺了這些人的親族。實際上，方皇后知道曹端妃與此事無關，她只不過是借這次機會除掉曹端妃罷了。

因爲方皇后救駕有功，嘉靖皇帝很感激，他把皇后的父親方泰和叔父方銳都進封爲侯。

方皇后雖然對曹端妃下手狠毒，但在處理其他事情上還是懂道理的，她經常勸嘉靖皇帝遠離那些道士，並善待宮女。這引起了一些喜歡迎合皇帝的大臣的不滿，他們開始在皇帝面前說方皇后害死曹端妃的事。曹端妃是嘉靖皇帝的寵妃，皇帝越來越覺得方皇后是因爲嫉妒才將曹端妃處死的。

於是，五年後，當方皇后的寢宮坤寧宮失火時，嘉靖皇帝堅決不讓救，這顯然是對方皇后妒殺曹端妃的報復。後人推測，這場大火很可能就是嘉靖皇帝讓人放的。事後，嘉靖皇帝對大臣們說：「皇后救我而我不救她，是想用隆重的葬禮來報答她。」他的殘暴冷酷可見一斑。

69 海瑞爲官清廉且忠心耿耿，爲什麼還被嘉靖皇帝罷官呢？

海瑞是明朝嘉靖時期的著名清官，他屢屢平反冤假錯案，打擊貪官污吏，深得民心，被百姓尊稱爲海青天、南包公，英名流傳至今。

海瑞雖出生於官僚家庭，但家境並不殷實，在他四歲時父親就病逝了，他和母親相依爲命，生活異常清苦。然而，在母親的親自督導下，海瑞得到了良好的家庭和文化教育，這也使他很早就有了報國愛民的思想。

海瑞所處的時代，是嘉靖末期到萬曆年間，當時的明王朝已經走向了下坡路，皇帝貪圖享樂，百姓則生活在水深火熱之中。海瑞從挽救明朝危機的立場出發，力圖用他剛正廉潔的行動，矯正時弊，扭轉明朝的頽敗。

海瑞不畏強權，對官位比自己高的上司從不趨炎附勢。在他剛剛任福建南平教諭時，遇上郡守來視察學校。其他教官都伏地跪拜，只有海瑞行長揖禮。郡守見他昂首挺立，諷刺說：「哪來了個筆架子！」海瑞從容地回答：「此堂是教師向學生傳道授業的地方，不可以屈身跪拜。」海瑞因此還得了個「筆架博士」的雅號。

此外，海瑞還敢用尖銳的話批評皇帝。當時嘉靖皇帝深居修道，以求長生不死，朝政大事反而放在一邊不管了。爲了迎合皇帝的愛好，許多大臣到處搜羅秘方，並想借此一步登天。像有名的奸臣嚴嵩就是因爲會給皇帝寫青詞── 道教儀式中用的詞文而受到青睞和恩寵的。

由於嘉靖帝的昏聵和權臣的誤國，使東南沿海海防變得空虛，北方少數民族也多次南下騷擾。任戶部主事的海瑞，對國家的命運十分擔憂，於是他奮起上書皇帝，勸諫皇帝不要再迷信道教，不要再任用無能的人，不要再搜刮民脂民膏，而應該勤理朝政，恢復大明朝往日的威風。這就是震驚朝野的《治安疏》。

海瑞所書「壽」字拓片。據說這是海瑞為其母祝壽時所寫，是一筆寫成，其中又包含了草書「生」「母」「七」「十」四個字。另外，這壽字倒過來仍然是個壽字，可見海瑞書法之精妙。

嘉靖皇帝看了《治安疏》，大怒，下令：「快把海瑞給我抓起來，各處都要張貼他的畫像，別讓他跑了。」皇帝身邊的一位太監說：「這個人向來有傻名，是不會逃跑的。」

的確，海瑞早有心理準備，在上書前，他已經抱著必死的決心，他給自己買好了棺材，訣別了妻子，遣散了家僕，把家事託付給了朋友。幸運的是他沒有被處死。

嘉靖皇帝死後，隆慶皇帝繼位，他赦免了以海瑞爲代表的所有因進諫而入獄的大臣，海瑞被釋放，並官復原職。

海瑞一生都很節儉，家裡的蔬菜都是僕人自己種的。一天，海瑞母親過生日，海瑞上街買了兩斤肉，屠夫感慨道：「沒想到我這輩子還能做上海大人的生意啊。」朝中大臣也把這件事當新聞傳開。海瑞死後，皇帝賜他諡號「忠介」，全城的百姓都來爲他送葬。

70 明朝大學士張居正是萬曆皇帝的老師，爲什麼他死後還會被抄家呢？他們師徒有什麼深仇大恨嗎？

明代大學士張居正是個少年天才，他22歲就考中了進士。當時的文人都陶醉在吟詩作賦中，張居正卻專心致志地攻讀史書，總結歷朝興亡的經驗教訓，並聯繫明朝中後期的社會問題，想出對策，解決日益尖銳的政治危機。

隆慶初年，張居正入閣當了大學士，他展現出了過人的才華和見識。

到了萬曆初年，他升任內閣首輔，相當於宰相之職。當時，萬曆皇帝還是個孩子，一切政事便由張居正做主。而張居正對於小皇帝也是關懷備至，並充當了帝師的角色。他爲皇帝安排了詳盡的上朝和講讀的日程表，大到朝廷的用人之道，小到宮中的一些禮節，張居正都要細細地爲皇帝講解。

此外，張居正對國家的政治、經濟、軍事、思想等方面還進行了改革。首先，他整頓吏治，嚴懲貪贓枉法，對官吏的政績進行考核。其次，他下令重新丈量全國土地，清查漏稅的田產，責成官吏追繳欠稅，以擴大政府的財源。1581年，他頒佈了「一條鞭法」，把農民的勞役合併在田賦裡徵收，且一律繳納白銀，從而簡化了徵收的手續，促進了商品經濟的發展。第三，加強邊防。北防蒙古入侵，南防日本海盜，在他任內，多年的外患基本肅清。

萬曆十年（1582），張居正病逝，終年57歲。

張居正死後，開始親政的萬曆皇帝慢慢察覺到張居正在朝中的影響力仍很大，滿朝文武基本都是張居正提拔的，政策的執行也是按照張居正所定的規矩，這引起了萬曆皇帝的極大反感。也使他回憶起了張居正嚴格管束自己時兩人曾產生的種種矛盾。於是，萬曆皇帝決心要剪除張居正的勢力。

此時，一些曾對張居正不滿的人借皇帝這種心態，開始上書彈劾張居正。利用權勢爲兒子在科舉場上謀私利成爲攻擊的重點。南京刑科給事中阮子孝彈劾張居正三個兒子「濫登科第」，

位於湖北荊州的張居正故居

萬曆皇帝看完奏疏，下旨將他們的官職和科名全部革除。中國古代高官的兒子登科第本是一種酬勞元勳的禮物，此時卻成了懲罰的理由。

不久，萬曆皇帝就給張居正定了誣衊親藩、鉗制言官、專權亂政、謀國不忠的罪名，由一位與張居正有過節的官員和一位太監帶著聖旨對張居正進行抄家。張居正的長子被逼自殺，其餘人等發配蠻荒之地。曾被張居正提拔的官員也逐一被罷免。

萬曆皇帝以清算張居正宣告自己親政的開始，推倒張居正，也許是即刻樹立皇帝權威的一個最有效的方式，但其帶來的後果如何，只能讓歷史去證明了。

71 萬曆皇帝在位四十八年，卻有二十幾年不上朝，不見大臣，他爲什麼如此消極怠工？

萬曆皇帝是明代歷史上在位時間最久的皇帝，他當了四十八年的皇帝。

從定陵中出土的皇冠和鳳冠。定陵位於北京昌平境內天壽山南麓，是明代萬曆皇帝和他兩位皇后的陵墓。定陵地宮是明十三陵中唯一被開發的地下宮殿，是新中國成立後第一座有計劃發掘的帝王陵墓。

萬曆統治時期，明朝國勢日衰，社會矛盾日益加劇，東北的女真族不斷對明朝邊境進行侵擾。而萬曆皇帝本人也出現了二十幾年不上朝、不見大臣的情況，面對內憂外患的形勢，他爲什麼要如此怠工呢？這還要從萬曆立太子這件事上說起。

萬曆皇帝的王皇后沒有生兒子，萬曆皇帝想立他最寵愛的鄭貴妃所生的皇子朱常洵爲太子。但是，按照中國古代立嗣的原則，有嫡立嫡，無嫡立長，所以群臣堅持立皇長子朱常洛。朱常洛是萬曆皇帝與一位王姓宮女所生，其實他根本不喜歡王氏，因而也不喜歡朱常洛，甚至連朱常洛啓蒙讀書的時間都一再拖延，直到13歲時才給他請老師。

然而，立皇太子之事一日不定，朝中大臣就不停地上書皇帝，要求冊封皇長子朱常洛為太子。萬曆皇帝想盡辦法拖延，甚至動用廷杖的酷刑，也沒有嚇退大臣們的攻勢。於是，他選擇了惹不起還躲不起的方式，找各種藉口不上朝，後來他連藉口也懶得找了，直接消失在大臣的視線之外，二十幾年都不與大臣相見。即使是大臣們的奏章也不批覆，直接「留中」，留中就是皇帝對大臣們送上來的奏疏不予理睬，放在宮中，既不批示，也不發還。到了後來，內閣的大臣們居然連皇帝長什麼樣子都不知道了。當然，在太后的壓力下，萬曆皇帝最終還是立了朱常洛為皇太子。

萬曆皇帝不願見大臣還有另一個原因，就是厭惡大臣之間的朋黨鬥爭。當時，朝中一部分內閣大學士和高層官員與一部分想重振朝綱的中下層官員互相攻擊，兩個集團的人物見到萬曆皇帝後不是討論時政，而是互相揭短，甚至攻擊。這讓萬曆皇帝覺得很厭煩，於是採取了躲避的方式。

萬曆皇帝的長期消極怠工，給明朝統治帶來了嚴重的危機。許多重要事情，政府無法形成及時有效的決策。面對女真人的不斷入侵，明朝無法組織有效的軍事回擊。同時，貪婪的萬曆皇帝還將國庫資金調為己用，並派大量宦官到地方直接收取礦稅，這使明朝政治更加腐敗。因此，後人評論說：明朝不是亡於崇禎的失德，而是亡於神宗（即萬曆皇帝）的怠惰。

72 袁崇煥抗擊後金，保衛了北京城，爲什麼他被處死時北京城的人反倒要爭相吃他的肉？

1611年，努爾哈赤統一女真各部，建立大金國，史稱後金。隨著後金勢力的壯大，努爾哈赤開始與明朝相抗衡。他不斷率兵攻打明朝位於東北的城池。特別是薩爾滸一戰，明朝的精銳軍隊損失殆盡，不得不陷於防守的境地。

面對越來越危急的遼東形勢，明朝內部湧現出一位軍事統帥，他就是袁崇煥。袁崇煥不懼敵兵，單騎巡視山海關，勘察情況，回朝後他力主調兵守關。於是，朝廷對他破格提拔，讓其坐

位於北京東城區東花市斜街的袁崇煥祠墓大門

鎮寧遠，築城守關。

袁崇煥在自己兩萬江浙子弟的基礎上，大量吸收蒙古人組建了一支關寧鐵騎，這是當時唯一能與八旗鐵騎對抗的騎兵。他還大膽採用新式武器，自己出錢購買西洋的紅夷大炮，強化火力，拋棄了明朝傳統的步兵作戰方式。

這一招果然奏效，在努爾哈赤親率後金十萬大軍圍攻寧遠時，袁崇煥妥當調度，指揮若定，後金軍大敗而歸，努爾哈赤也受了傷，不久死去。

可以說，寧遠一戰是明軍贏得的對後金作戰的第一場勝利。寧遠大捷打擊了後金軍的囂張氣焰，收復了遼西大片的土地。

但不久，袁崇煥因爲不願依附當時的掌權宦官魏忠賢，被迫離職。

崇禎皇帝即位後，清除了魏忠賢的閹黨，重新將袁崇煥召回。袁崇煥向崇禎皇帝保證，五年內要消滅後金，收復遼東。剛剛做皇帝的崇禎，聽到這句話大爲高興，任命他爲兵部尚書，賜尙方寶劍，將收復遼東失地的重任託付給他。

不久，清太宗皇太極避開袁崇煥的防守地區，率大軍取道喜峰口入關。袁崇煥聞訊率兵自遼東不遠千里前來救援，在後金攻佔遵化、直抵北京城下的緊急關頭趕到了。他率領將士與後金軍展開激戰，並取得了勝利。

面對袁崇煥這個「死敵」，皇太極屢受重挫，他覺得如果硬碰硬地打，恐怕不是好辦法。於是他使用了反間計，製造袁崇煥與後金串通，將與後金締結城下之盟的謠言。崇禎皇帝生性多疑，竟然聽信了流言，將袁崇煥逮捕入獄。

最終，袁崇煥被淩遲處死，他臨行前毫無懼色，還念出了自己的遺言詩：一生事業總成空，半世功名在夢中。死後不愁無勇將，忠魂依舊守遼東。

但當時北京城中的百姓不明就裡，他們相信袁崇煥真的要叛變投敵，是死有餘辜，爲了表達內心的憤恨，劊子手割袁崇煥一塊肉，百姓就付錢買下生著吃掉。

崇禎誤殺了袁崇煥後，明朝再無抵禦後金軍的大將可用。《明史・袁崇煥傳》於是寫道：「自崇煥死，邊事益無人，明亡徵決矣。」

73 崇禎皇帝曾說：「我不是亡國之君，但大臣都是亡國之臣。」明朝的滅亡眞的與皇帝無關嗎？

1627年，沒有子嗣的天啓皇帝去世前，將皇位傳給了他的五弟，並對弟弟說：「五弟當爲堯舜也。」可見，在天啓皇帝眼裡，這位五弟將會是像堯舜一樣的人物。五弟名叫朱由檢，就是崇禎皇帝。

面對千瘡百孔的明朝，崇禎皇帝確實想勵精圖治，有一番作爲。當時的朝政由宦官魏忠賢把持，他很快設計將魏忠賢及其黨羽清除，並平反冤獄，起用了許多曾被魏忠賢陷害的正直官員。

位於北京景山公園內的「歪脖樹」，當年崇禎皇帝就是在這棵樹上上吊自殺的，樹下立有「明思宗殉國處」石碑。需要說明的是，崇禎皇帝上吊自殺的那棵樹在上世紀70年代已經枯死，如今這課樹是1997年移植來的。

這一系列舉措，使得朝野上下爲之一振。可惜的是當時明朝積重難返。崇禎即位當年，陝北一帶就發生旱災，農民紛紛起來反抗。東北的後金政權早已虎視眈眈，並不斷騷擾邊境。也就是說，崇禎從接手皇位的那天起，就坐在一座即將噴發的火山口上。

爲了抵抗後金的侵擾，爲了鎮壓農民的起義，爲了訓練邊地的士兵，崇禎不得已繼續加收「三餉」—— 遼餉、剿餉和練餉。三餉的加派使本已困苦不堪的百姓陷入絕境，起義隨平隨起。

爲了節省國庫的開支，崇禎下令大幅度裁撤驛站，大批驛卒因失業而無法生存，紛紛加入了農民起義軍的隊伍。著名的農民軍領袖李自成早先就是被裁撤的驛卒之一。

更要命的是，崇禎這位皇帝生性多疑，他對大臣們的從政能力和個人品德都持懷疑態度。在崇禎統治的17年裡，他共任用過50多位內閣大臣，平均一年換3位，上層決策者如此換來換去，怎能有效地施政呢？對於前線領兵作戰的將領，崇禎同樣是猜忌的，特別是他錯殺了袁崇煥後，朝中已無得力大將可用。

造成崇禎這樣性格的原因或許與他的生活環境有關。晚明宮廷中發生了多起重大政治陰謀，崇禎都親身經歷過。他自命不凡不甘平庸的性格，在極度扭曲的環境中變得剛愎自用、敏感和多疑。而明朝的官僚集團互相傾軋，不幹實事，也使崇禎的銳氣被消磨怠盡。

1644年，北京城被李自成的起義軍所圍，崇禎皇帝要求大臣們贊助守軍糧餉，大臣們卻一個個哭窮。直到城破以後，在李自成手下大將劉宗敏的嚴刑拷問下，這些大臣才把巨額家產乖乖地交出來。走投無路的崇禎皇帝留下了那句名言：朕非亡國之君，而臣皆亡國之臣。

最終，眼看明朝就要滅亡的崇禎皇帝登上煤山（今景山），用衣帶草草地寫下遺書：「朕死無面目見祖宗於地下，以髮覆面，任賊分裂朕屍，勿傷百姓一人。」隨後上吊自殺。

崇禎皇帝一生勤奮、節儉，要比此前的嘉靖、萬曆、天啓等皇帝好得多。但他生不逢時，面對明朝的爛攤子，他即使使出渾身解數也無能爲力。有人說崇禎本應是一位「中興之主」卻當了「亡國皇帝」，此話是有道理的。當然，他那句「朕非亡國之君，而臣皆亡國之臣」說得太過極端，崇禎皇帝的性格註定他沒有大的作爲，加之面對一群蠅營狗苟的大臣，明朝只能滅亡了。

74 爲什麼說明朝是士大夫最沒有尊嚴的時代？

現代很多學者都認爲：生活在宋代的士大夫是最幸福的，而生活在明代的士大夫是最沒有尊嚴的。這是因爲明代的酷刑——廷杖。

明武宗畫像。明武宗朱厚照是一位荒淫的皇帝，他不理朝政而喜愛遊山玩水。一次南巡途中，他在清江浦（今江蘇淮安市）垂釣，不慎掉入水中，雖被人救起，但身體每況愈下，次年就死了，年僅31歲。

中國古代的儒家典籍中有「禮不下庶人，刑不上大夫」的話，意思就是士大夫或有品級的官員犯罪要受到懲罰時，不能隨意用刑。後來發展到科舉獲得功名的人也不能隨便施以刑罰。因此，我們看到有些電視劇中要對舉人用刑，先要奪去他的功名，才能用刑。

然而，在明代，這一規矩被打破了，皇帝將廷杖作爲一種制度確立下來。

所謂廷杖，就是將朝中的官員扒去官服，反綁雙手，用木杖打。也就是說，此時的官員不再分官職大小，是否德高望重，是否爲國立過功，是否爲國家和皇帝著想，只要一句話讓皇帝聽著不舒服，就有可能遭到廷杖的懲罰。所以，明朝大臣上朝都是提心吊膽的。

在明成化時期以前，凡是受廷杖的官員不用脫去衣服，還可以用厚棉衣墊著，目的就是對那些讓皇帝不高興的官員進行羞辱，以起「殺一儆百」的作用，士大夫在此時也就失去了人格尊嚴。即使這樣，被打的大臣也要臥床幾個月才能痊癒。

誰知，到了武宗時期，太監劉瑾掌權，凡是不順從他意思的大臣都可能被廷杖，而且他下令凡是廷杖的人要脫去衣服行刑。這是對士大夫肉體和尊嚴的進一步踐踏。

史料記載當時的廷杖情形是：皇帝下旨要對某大臣進行廷杖，就派遣一個太監監視，錦衣衛等官員三十人手持木棍，然後一個人用麻布口袋從受刑者的頭上套下去，使其無法左右動彈，另一個人把受刑者的雙腳綁住，只露出屁股和大腿，頭和臉都朝下觸地，只要聽到一聲「打」，木杖就像雨點般落在大臣的屁股上，塵土飛揚。這種行刑方式用不了幾下，受刑的人就被打得皮開肉綻，年老體弱者幾下就能斃命。

受廷杖的人數，一次一般一兩個。可是到了明代中後期，皇帝大多昏庸，整天以吃喝玩樂爲己任，對讓自己不高興的人更是嚴加懲處。明武宗時就創下了107人同時受杖的紀錄，然而時隔不久，這個紀錄就被打破，嘉靖皇帝同時廷杖134人。當時，這些人被扒下衣服，排在大殿之下，上百根棍子同時起落，一時間聲響震天，血肉橫飛，十分淒慘。

據統計，明朝共行廷杖五百多次，杖斃的大臣達50人之多。著名史學家錢穆也說：廷杖其殘酷無理，爲有史以來所未見。因此明朝的士大夫也成了最沒有尊嚴的一代人。

75 魚鱗圖冊是古代的土地登記簿，土地登記簿怎麼會和水裡的魚有關係？

魚鱗圖冊是中國古代社會爲建立科學的土地賦稅管理辦法而採取的一項措施。圖冊中詳細登記了每塊土地的編號、所有人的姓名、畝數、邊界以及土質的好壞。由於土地間挨次排列，相互連綴，看起來像魚鱗一般，因此被稱爲「魚鱗圖冊」。

據史料記載，魚鱗圖冊最早出現在宋朝農業經濟較爲發達的浙江、福建等地。元末，朱元璋在安徽地區建立政權時，採納儒生朱升「高築牆、廣積糧、緩稱王」的建議，將境內的土地丈量劃分，編制成冊，這爲將來魚鱗圖冊的普及和完善奠定了基礎。

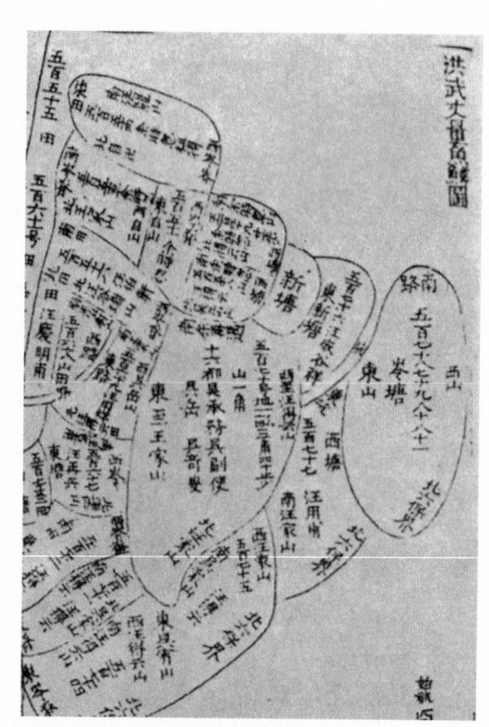

明朝洪武年間「魚鱗圖冊」中的一頁

朱元璋稱帝后，發現當時社會受到元末弊病的影響，全國土地隱匿現象嚴重，這給國家稅收造成了巨大損失。於是，他開始下令清查全國的土地，編造完整、嚴密的魚鱗圖冊。

具體辦法是：根據各縣需要繳納的稅糧的數量，將一縣分為若干區，每區又按土地的自然形態分為若干地段，由糧長等率人進行丈量，編排字型大小，詳細列出土地面積、地形、邊界、土質優劣以及需要繳納哪種等級的稅。有的圖冊還有「分莊」一欄，為的是土地買賣時糧稅過戶或父子兄弟分田產時所用。年終，各州縣統一造冊交到府中，再彙編成一府總冊。如此一級一級向上報，最終形成全國的總冊。

魚鱗圖冊在相當程度上使政府摸清了地權，清理了隱匿土地，這是土地管理史上的一個巨大進步。明代的魚鱗圖冊，就它所登記的項目而言，已是相當完備。它的編制，使賦稅的徵收有了確實的依據，政府理清了全國的土地數量，保證了稅收，對國家經濟基礎的鞏固起了很大的作用。

然而，現實操作中還會遇到一個問題，就是有些農民所佔有的土地並不只限於本鄉，在外省、外縣都可能還有。這樣在本地的魚鱗圖冊上就不能完整反映該戶的土地所有狀況，很可能造成國家稅收的損失。為解決這一問題，明清兩朝又編制了歸戶魚鱗冊，又叫歸戶清冊，將一戶的所有土地編制成冊，以便徵收賦稅。

76 金庸說清朝的開國者努爾哈赤是繼成吉思汗以來又一位軍事天才，這是爲什麼呢？

成吉思汗生於1162年，努爾哈赤生於1559年，無論在這四百多年的時間裡，究竟有沒有其他軍事天才出現，金庸先生將此二人相提並論，大概是因爲他們都是少數民族首領，而且一生的經歷非常相似。

努爾哈赤是女真族，他少年時投奔到明朝遼東總兵李成梁部下，屢立戰功。後來，明軍受女真貴族尼堪外蘭的挑撥，誤殺了努爾哈赤的祖父和父親。爲了表示補償，明政府讓努爾哈赤承襲了父親的職位。

明萬曆十一年（1583），努爾哈赤打著爲祖父和父親報仇的旗號，用他們留下來的十三副鎧甲起兵，開始了統一女真各部的事業。

努爾哈赤制定了一系列正確的戰爭策略，很快就成爲女真各部中最強大的一支。經過五年的戰爭，他統一了建州女真各部，並建立了一支「出則備戰，入則務農」的軍隊。他還採取「遠交近攻」的方法對待周邊的女真各部。

位於遼寧新賓滿族自治縣永陵鎮赫圖阿拉城內的努爾哈赤雕像

爲了防止明朝將自己視爲眼中釘，他起初對明朝十分恭順，接受明朝所授的封號，並多次親赴北京朝貢。同時，他拉攏蒙古，結交朝鮮。

此後，努爾哈赤利用明朝軍隊援助朝鮮抗擊日本的有利時機，加快統一女真各部，並創建了八旗制度，這是軍政合一的組織，努爾哈赤讓自己的子侄們分別擔任各旗的旗主。同時，他還注重發展經濟，促進貿易，訂立了行政和法律條文，創制了滿洲文字。

萬曆四十四年（1616），努爾哈赤在赫圖阿拉（今遼寧新賓）稱汗，建國號「大金」，史稱後金，年號天命。

此時的努爾哈赤羽翼已經豐滿，他開始公開與明朝抗衡。1618年，他以對明朝「七大恨」爲由率兵攻陷撫順、清河等城池，從此改變了遼東邊界上雙方的形勢。

第二年，明朝徵集十四萬大軍討伐努爾哈赤，努爾哈赤則掌握有利戰機，集中優勢兵力，在薩爾滸之戰中打敗明軍，取得決定性的勝利。

接著，努爾哈赤又打敗了遼東經略熊廷弼和遼東巡撫王化貞，奪取了重鎮廣寧。不久，他又遷都瀋陽，勢力一步步南下。

1626年，努爾哈赤率後金軍攻打寧遠，遭到袁崇煥率領的明軍的堅強阻擊，後金軍戰敗，努爾哈赤中炮受傷。這是他對明戰爭以來第一次遭受挫敗，他滿懷忿恨回到瀋陽，不久因病去世。

努爾哈赤一生戎馬生涯長達44年，他「用兵如神」，統一了女真各部，建立了後金政權，成爲清朝的奠基人。如此看來他的確是能與成吉思汗比肩的軍事天才。

77 清朝的「八旗制度」是怎麼回事？爲什麼有清朝「成也八旗敗也八旗」的說法？

八旗制度是由清太祖努爾哈赤創建的一種軍政合一的組織。

最初，努爾哈赤在統一女真各部的戰爭中，取得節節勝利。隨著勢力的擴大，人口的增多，他在明萬曆二十九年（1601）建立黃、白、紅、藍四旗，旗幟都爲純色。目的是把女真部族組織起來，統一進行生產和戰爭。平時這些人從事耕作、狩獵等活動，戰爭時則應徵爲兵打仗。

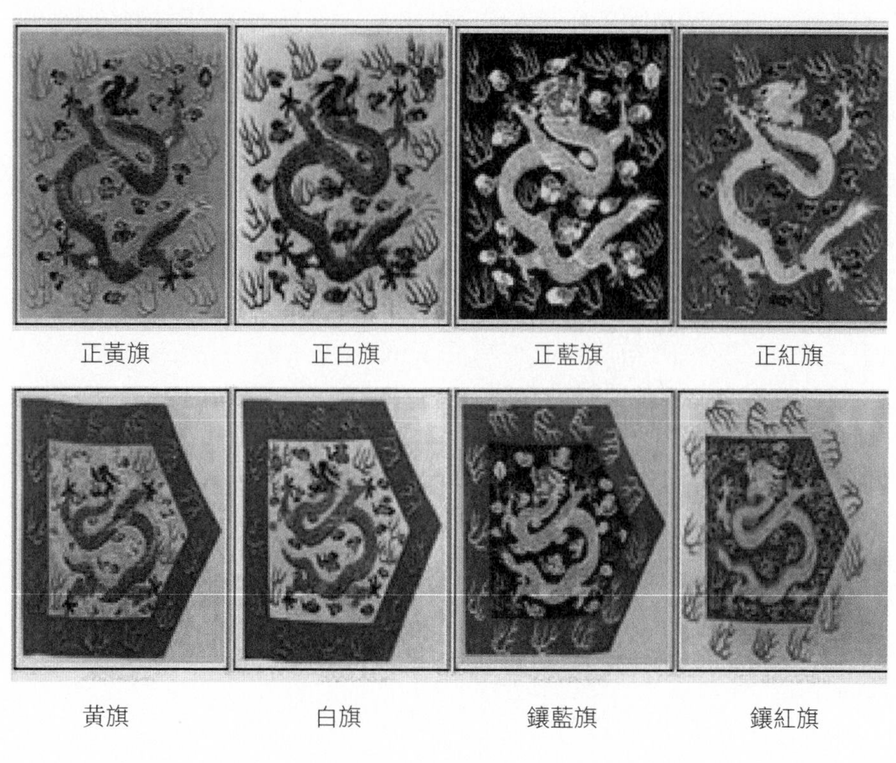

清代八旗旗幟圖

到了萬曆四十三年（1615），爲適應社會發展的需要，努爾哈赤創建了八旗制度，即在原有的四旗之外，增設鑲黃、鑲白、鑲紅、鑲藍四旗，旗幟是黃、白、藍三旗鑲以紅邊，紅旗鑲以白邊。把後金管轄下的所有人都編入旗內。由於八旗旗幟上都有龍，因此也被稱爲大龍旗，後來清朝的國旗黃龍旗也是由此發展而來。

八旗制度規定：每300人爲1牛錄，設牛錄額真1人；5牛錄爲1甲喇，設甲喇額真1人；5甲喇爲1固山，設固山額真1人。此時所編設的八旗，即後來所稱的滿洲八旗。皇太極時，又建立了蒙古八旗和漢軍八旗，旗幟和制度與滿洲八旗相同。

八旗兵號令統一，紀律森嚴，訓練有素，在清朝初期具有很強的戰鬥力。僅憑十三副鎧甲起家的努爾哈赤能夠建國稱汗，統一女真各部，直至最後與明朝相抗衡，八旗制度是最主要的保障。

清朝入關後，在維護國家統一與領土主權的戰爭中，清軍以八旗爲主力平定三藩，遠征新疆，戍守西藏，抗擊沙俄，發揮了不可替代的作用。

然而，清朝入關時，統治者通過大規模的圈地活動，掠奪許多肥沃的土地作爲旗地，並按不同等級分配給所有八旗官兵，就連地位最低的披甲人也能分到房屋兩間、耕地三十畝、月餉銀二兩、年米十餘石，出征時還可以獲得一定數量的銀米津貼。這無疑是一種非常優厚的待遇。

但隨著旗人人口的增加，政府已經沒有足夠的土地進行分配了，後來就連餉銀和糧食都出現了困難。隨著八旗生計問題的逐漸加劇，旗人生活陷於困境，老舍的小說《正紅旗下》正是反映了這一現實。落魄的旗人成為了社會的寄生蟲，更是社會動盪的一個重要因素。

另外，隨著清朝社會的穩定，戰爭的減少，旗人原有的淳樸勇武的風氣也逐漸喪失，而生活上追求奢華、安於遊惰的風氣卻不斷蔓延。鴉片戰爭後，旗人抽大煙的更是不在少數，這大大影響了八旗軍隊的戰鬥力。晚清時期的太平天國起義，八旗兵被打得慘敗，最終還是靠曾國藩的湘軍和李鴻章的淮軍這些地方武裝才將起義鎮壓。

此後直到1911年辛亥革命清朝滅亡，八旗兵都只有虛名，而沒有其實了。

可見，八旗兵既對滿族政權的興起和發展起了決定性作用，又對清朝滅亡有著不可推卸的責任，所以人們常說清朝「成也八旗敗也八旗」。

78 孝莊太后眞的下嫁給小叔子多爾袞了嗎？

縱觀清朝三百年，疑案層出不窮，「太后下嫁」就是其中之一，也是爭論最多的。

「太后下嫁」指的是：清朝順治皇帝的母親孝莊太后在丈夫皇太極死後，又嫁給了自己的小叔子，也就是皇太極的弟弟多爾袞。在崇尙貞節觀念的中國古代社會，女子改嫁往往被視爲是一件不光彩的事，如果此事發生在皇家，嫁的人又是丈夫的親弟弟，那更是醜上加醜了。

然而，這是真的嗎？

清朝入關後，順治做了皇帝，但當時因其年幼，便由多爾袞攝政，稱爲攝政王。後來又加封爲「皇叔父攝政王」，他本來就是皇帝的叔叔，這也無可厚非。但順治五年（1648），多爾袞又被封爲「皇父攝政王」，這個稱呼使人們產生了猜測。因爲只有皇帝之母下嫁給多爾袞，才會使他有這種尊稱。

另外，明末清初人張煌言的《建夷宮詞》寫道：「上壽觴爲合巹樽，慈寧宮裡爛盈門。春官昨進新儀注，大禮恭逢太后婚。」慈寧宮是太后的寢宮，這裡說的太后婚就是指孝莊太后下嫁多爾袞之事。後人根據張煌言生活的時代及這首詩，認爲孝莊太后確實改嫁了多爾袞。

第三，按照清朝陵寢制度，孝莊太后死後應該與皇太極合葬在關外的昭陵。然而，她卻葬在了清東陵的風水牆外。於是人們議論紛紛，說因爲孝莊太后改嫁了，死後無顏見丈夫皇太極，所以不敢葬在昭陵，即使葬在清東陵，也不敢在陵寢的重要位置。

基於上述種種說法，太后下嫁一事便成清宮疑案，眾說紛紜。

其實，上面的幾點理由都不太成立。著名清史專家閻崇年解釋說：

首先，「皇父攝政王」其實只是一個尊稱，這與後來光緒皇帝稱呼慈禧太后爲「親爸爸」相類似。慈禧也不是光緒的親生母親，難不成叫了「親爸爸」就說明慈禧太后嫁給了光緒的父親醇親王奕譞了嗎？

昭西陵明樓。昭西陵是孝莊太后的陵寢，位於河北遵化清東陵大紅門外東側，與清東陵之間有一道風水牆相隔。因為陵寢位置處於關外皇太極昭陵的西邊，故城昭西陵。

其次，張煌言雖然是當時人，但他那時遠在江南，而且作爲明末遺民，他對清朝的態度是對抗、敵視的，因此他的言論有值得懷疑之處。此外，根據檔案記載，慈寧宮在李自成撤出皇宮時被焚毀，順治十年（1653）才重修完，而此時多爾袞早已死了三年，孝莊太后怎能在此舉行結婚典禮呢？

最後，孝莊去世前曾向皇孫康熙帝說：「太宗皇帝（即皇太極）入土已久，不能因爲我而驚動他。況且，我的心與你和你父親相通，我死後能葬在你父親的孝陵附近，我就沒有遺憾了。」可見，不與太宗合葬和葬在東陵都是孝莊太后的意思，因爲孝陵就在清東陵。之所以將孝莊太后的陵寢安置在風水牆外，是因爲此地處於太宗的昭陵及順治的孝陵之間，這樣既有遵循祖制之意，又滿足了孝莊太后的遺願。

因此，孝莊太后下嫁給多爾袞一事並沒有完整、可信的史料作支撐。

79 金庸的武俠小說裡有個反清的秘密組織叫「天地會」，它在歷史上眞實存在過嗎？

天地會是眞實存在的，它是清代民間秘密社團之一，因拜天爲父、拜地爲母而得名，又叫洪門，俗稱洪幫。

關於天地會的創立，一般有兩種看法。

第一種觀點認爲：天地會創立於明末清初，最初的成員應該是隨明朝大臣史可法抵抗清兵的將領。後來，這些人聽命於臺灣參軍陳永華，陳永華是鄭成功的部下，化名爲陳近南，這個人物在金庸的小說《鹿鼎記》裡也出現過，韋小寶還曾拜他爲師。而他們創建天地會的宗旨就是爲了「反清復明」。

另一種觀點認爲：最初的天地會組織是廣東、福建一帶靠賣苦力爲生的勞動者的自衛反暴組織。他們結會的目的多是爲了遇事相助，免遭欺凌。最初的成員，大多是農民或由破產農民轉化而成的小手工業者、小商販、水陸交通沿線的運輸工人及其他

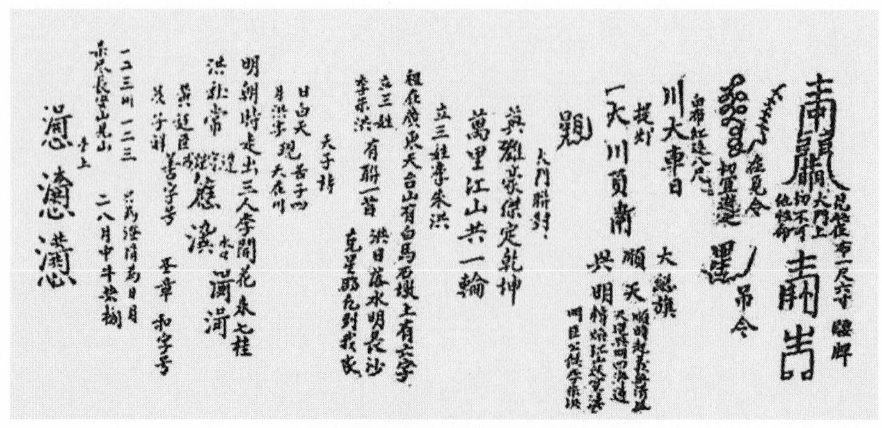

江西天地會吳文春等結會時所用的符籙

沒有固定職業的流浪者。隨著組織的發展，其成員成分日益複雜，但仍以下層窮苦人民爲主。他們沒有明確的政治綱領，口號多是「反清復明」「順天行道」「劫富濟貧」等，反映了天地會成員反壓迫的要求。

當時的清朝是嚴禁秘密結社活動的，這在《大清律》中有明確規定。但即使這樣，天地會的反抗活動也從未停止。

後來，天地會還被洪門成員帶到東南亞與美洲，成爲華僑團結互助的重要紐帶。辛亥革命時期，天地會及其分支積極參加和支援革命黨人領導的武裝起義，不僅在經費上對革命黨人給予大力支持，還派人直接回國參加革命。孫中山在美洲爲革命奔走時也得益於天地會的資助，他創建的反清組織興中會，其很多成員就是天地會的人。

80 清朝爲什麼要在菜市口處決犯人？

我們看清朝電視劇，常聽到皇帝下令「推出午門斬首」。午門是明清皇宮的正門，在午門外斬首，豈不弄髒了皇帝家的大門？

其實，清代北京處決犯人的地方是菜市口，就是今天北京西城區菜市口這個地方。

爲人所熟知的在菜市口的行刑有兩次：一次是慈禧太后聯合恭親王，把受咸豐皇帝遺詔的贊襄政務大臣肅順處決，隨後慈禧實現了垂簾聽政的夢想；另一次是戊戌變法失敗後，慈禧下令將「戊戌六君子」譚嗣同、康廣仁、林旭、楊深秀、楊銳、劉光第處死，慈禧太后再度訓政。

戊戌政變時，以慈禧太后為首的封建頑固派大肆捕殺維新派人士。最終，維新志士譚嗣同等六人在北京菜市口慘遭殺害，史稱「戊戌六君子」。圖上排左起：譚嗣同、楊銳、林旭，下排左起：劉光第、楊深秀、康廣仁。

清朝爲什麼要在菜市口這個地方處決犯人呢？原來，菜市口是當時京城最大的蔬菜市場，沿街菜攤菜店眾多，北京城的許多百姓都來這裡買菜，人馬川流不息，十分熱鬧。古人認爲死刑是極刑，死刑的目的就在於震懾他人，維護統治秩序，因此古代處決死囚都是公開的。而統治者認爲，看行刑的人越多越好，可以起殺一儆百的作用。哪裡人最多呢？當然是集貿市場了。因此，菜市口就成爲殺頭的地方，每當有死囚要處決時，前來圍觀的人都裡三層外三層。

順便提一句，明代京城處決死囚的地點也選在人多熱鬧之處，當時是柴市，又叫西市，就是今天的西四。

古代處決犯人的時間一般定在午時三刻，差不多是正午的十二點。古代陰陽家認爲，這個時刻是一天中陽氣最盛的時候，此時可以用旺盛的陽氣來沖淡殺人的陰氣。

古代處決犯人的季節一般是在秋冬之季，所以有句話叫「秋後問斬」。清朝處決死囚犯都是在每年冬至前執行的，因爲每年夏秋之交，大理寺、都察院和刑部會共同審理犯人，並在冬至前處斬，所以稱作「秋決」或「出大差」。之所以定在秋後，是因爲此時正值農閒時節，會有更多百姓來看行刑而不至於耽誤農耕。

81 人們常說吳三桂引清軍入關是「衝冠一怒爲紅顏」，這是眞的嗎？

明末清初詩人吳偉業寫過一首長詩《圓圓曲》，其中有一句：「衝冠一怒爲紅顏。」「紅顏」指的是明朝山海關總兵吳三桂的愛妾陳圓圓。據說當時吳三桂是因爲陳圓圓被李自成的大將所霸佔，一怒之下打開了山海關門，讓清軍入了關，爲的是聯合清軍消滅李自成，以報自己愛妾被強佔之仇。這是真的嗎？這還要從李自成攻佔北京說起。

1644年，農民軍領袖李自成率大軍進攻北京，情急之下崇禎

位於河北秦皇島東北的山海關。山海關有著「天下第一關」之稱，是明長城位於東北的一座關隘。當年，吳三桂就是打開了這座關門引清兵入關的。

皇帝命遼東總兵吳三桂到京師救援。而此時的吳三桂卻有自己的盤算，面對明朝、清朝、李自成三種勢力，究竟服從哪一方，需要抉擇。於是，吳三桂採取了拖延、觀望的態度，他的軍隊從寧遠進入山海關，200里路程，居然走了11天。守衛京師的明朝軍隊抵擋不住李自成的大軍，最終北京城被攻破，崇禎皇帝上吊自殺，明朝滅亡。

此時的吳三桂剛剛到達河北豐潤一帶，他下令大軍停止前進。恰巧李自成命人給吳三桂寫信，要他加入自己的陣營，吳三桂的父親吳襄也給兒子寫信勸他投降。這讓吳三桂想起明朝滅亡前李自成曾派唐通帶著四萬兩白銀去招撫自己，當時他沒有答應。此時，他下定了決心，歸順李自成。

然而，就在吳三桂去見李自成的路上，遇見了從北京跑出來的家人。從家人口中他得知了一個消息：父親吳襄遭到了李自成部下的劫掠。原來，李自成進北京後以追贓助餉爲名拷問掠奪城中的官僚地主，吳襄也在此行列。這讓吳三桂很生氣。不久，他又聽說自己的愛妾陳圓圓被李自成手下大將劉宗敏所搶佔。

這些事徹底激怒了吳三桂，他轉而決定降清。李自成得知這一消息後大怒，決定親自討伐吳三桂。吳三桂知道李自成的軍隊實力強大，自己不是對手，於是他開始與清軍統帥多爾袞聯繫，準備借清兵共同對抗李自成。條件是不僅給清朝財物，更「裂地以酬」。多爾袞欣然同意。

山海關之戰中，多爾袞先讓吳三桂軍與李自成軍交戰，等吳軍抵擋不過時，吳三桂打開了山海關門，清軍迅速加入戰鬥。

毫無準備的李自成軍兵敗如山倒，而清軍也順利入了關。

此時，無論在軍事上還是政治上，清軍都已掌握了主動權，吳三桂起初「裂地以酬」更是成爲一個夢想，他只是被視作眾多歸降清朝的明朝官員中的一個。也就是說，吳三桂此前的如意算盤全部失策，最後的贏家是清。

後世的人們紛紛指責吳三桂爲了一個喜愛的女子就投降了清朝，氣節太低。但如果從客觀歷史上考察，愛妾陳圓圓被農民軍霸佔或許只是一個導火線。農民軍進北京後貪圖享樂，對明朝官員拷問、追贓等行爲，讓吳三桂看到這個政權沒有前途。而他讓清朝入關的最初目的並非投降，而是借兵對付李自成。他甚至設想著將李自成消滅後，與清分土而治，這樣既爲崇禎皇帝報了仇，又可以繼續明朝的江山社稷。然而，清軍的力量和野心恐怕是吳三桂沒有想到的，一旦清軍入了關，事態的發展就不由吳三桂控制了。

82 民間盛傳順治皇帝因爲董鄂妃之死而萬念俱灰，去五臺山出家爲僧，這是眞的嗎？

順治皇帝是清朝入關後的第一位皇帝，他六歲登基，在位十八年，24歲就死了。順治一生共有十九位妃嬪，先後冊立過兩位皇后。

第一位皇后是攝政王多爾袞安排的，他根據清朝皇室與蒙古聯姻的傳統，聘科爾沁卓禮克圖親王吳克善的女兒博爾濟吉特氏爲皇后。這位皇后好嫉妒、講究排場，而且與順治皇帝性格不合，最終被降爲靜妃。

另一位是孝惠章皇后，順治帝也不喜歡她。但這位皇后懂得委屈圓通，又有孝莊太后的呵護，才沒有被廢掉。

乾清宮是明清兩代皇帝在紫禁城中居住和處理日常政事的地方，位列後三宮之首，正中的「正大光明」匾額為順治皇帝手書。

此時，順治的全部感情已經給了董鄂氏。順治十三年（1656）皇帝冊封董鄂氏爲「賢妃」。一月後，又晉封她爲皇貴妃，並按照冊封皇后的大禮頒佈詔書大赦天下。在清朝歷史上，因爲冊立皇貴妃而大赦天下的，僅有這一次。這充分表明了順治皇帝對董鄂氏不同尋常的愛。順治十七年（1660），年僅21歲的皇貴妃董鄂氏病逝，順治痛不欲生，追封其爲皇后。爲哀悼這位愛妃，他五天不理朝政。

就在董鄂妃去世的第二年，順治皇帝也死了。於是，民間就有了傳言說順治皇帝其實並沒有死，他是爲情所困，心灰意冷，出家到五臺山當和尙去了。因爲順治皇帝一直很癡迷於佛法，宮中奉有木降、玉琳二禪師，他的印章有「塵隱道人」「癡道人」等稱號。爲了不引起世人的非議，朝廷只得向外宣佈：順治皇帝駕崩。

然而，據正史記載，順治皇帝並沒出家。他信佛教不假，特別是董鄂妃死後，他確實想出家，但經過身邊兩位高僧的開導，他放棄了出家的念頭，但精神卻再也振作不起來。董鄂妃死後僅半年，順治皇帝就得了當時的不治之症—— 天花。臨死前他口述遺詔，命皇三子玄燁繼位，後死於養心殿。之所以傳位給玄燁，主要是因爲他小的時候就已經出過天花，不會步他的後塵。

看來，順治出家只是個傳說而已。另外，還有一點要指出的，常有人認爲董鄂妃就是秦淮八豔之中的董小宛，這是不正確的。董小宛生於1624年，年齡比順治大十幾歲，而且清朝皇帝選妃是不可能選一個漢族的風塵女子的。

83 康熙皇帝採用什麼手段制服了飛揚跋扈的鼇拜，讓自己順利親政？

1661年，年僅24歲的順治皇帝病死，他的兒子玄燁繼承了皇位，改年號康熙，當時康熙皇帝僅有8歲。

因爲皇帝年齡太小，順治臨死前命索尼、遏必隆、蘇克薩哈和鼇拜四位大臣輔政。這四位大臣之中鼇拜雖然排名在最後，但因索尼年老，遏必隆生性庸懦，索尼又討厭蘇克薩哈，因而鼇拜得以獨攬大權。

鼇拜像

鼇拜出生於一個武將世家，入關前他隨皇太極征戰各地，戰功赫赫，有「滿洲第一勇士」之稱。在擔任輔政大臣後，鼇拜開始結黨營私，勢力越來越大。一次，他因搶佔土地，遭到三位地方官的反對，鼇拜竟下令將他們一一處死。

此外，從康熙五年（1666）開始，輔政四大臣之間的爭鬥日益激化。其中以鼇拜與蘇克薩哈之間的矛盾最爲尖銳。

爲清除異已，鼇拜竟羅織蘇克薩哈的幾大「罪狀」，不顧康熙的旨意，將蘇克薩哈及其子孫全部處死，並沒收家產。

在康熙皇帝面前，鼇拜也無所顧忌，他大聲呵叱部院大臣，攔截章奏，簡直把年輕的皇帝變成任憑自己擺佈的木偶。

康熙六年（1667）七月，康熙皇帝宣佈親政。於是，鼇拜日益成爲皇帝掌權的障礙。在孝莊太后的幫助下，康熙開始籠絡索尼的兒子索額圖等一批年青的滿洲貴族，孤立鼇拜。

不久，康熙就下定決心要除掉鼇拜。他派索額圖幫自己挑選一批善於摔跤的少年在宮中擔任侍衛，皇帝與他們天天練習布庫戲，布庫戲其實就是摔跤。鼇拜進宮時，看到這些少年在御花園裡摔跤，只認爲是因皇帝還小，找一幫孩子們互相鬧著玩取樂，沒加防備。

有一天，鼇拜奉召單獨進宮商量國事。他像平常一樣，大搖大擺地進了宮。剛跨進門檻，康熙皇帝一聲令下，一群身手矯健的少年擁了上來，將鼇拜擒拿。鼇拜雖然是武將出身，有功夫在身，可面對如此人多勢眾又善於摔跤的少年，還是被打翻在地。

最終，鼇拜被關進大牢。

康熙皇帝立即召集大臣調查鼇拜的罪行。大臣們認爲，鼇拜專橫跋扈，濫殺無辜，罪行累累，應該處死。而康熙考慮到鼇拜以往的功績，下令從寬發落，把鼇拜的官爵革了，免死，但抄沒家產，終身監禁。此外，對鼇拜集團的成員，康熙皇帝也只處死最主要的幾個人，其餘一律寬大處理。

清除了鼇拜集團，排除了威脅皇權的潛在因素，康熙皇帝真正掌握了清朝大權。

84 清朝在康熙皇帝以後為什麼就不再立太子了？

北京紫禁城內的毓慶宮是康熙特別為皇太子允礽建造的，後成為皇子的居所。

中國歷史上從清康熙皇帝以後就不再立太子了，新皇繼位實行秘密立儲制度，就是皇帝生前將選定的皇位繼承人的名字寫好，放入一個函匣中，再將這個函匣放在乾清宮最高處「正大光明」匾後。皇帝一死，大臣便從匾後取出函匣，宣讀皇帝預先寫好的遺詔，確定繼承人。

那麼，為什麼康熙以後就不立太子了呢？這還要從康熙皇帝立、廢太子之事說起。

清康熙十三年（1674），康熙的皇后赫舍里氏在坤寧宮生了一個皇子，取名允礽。就在允礽出生兩個時辰後，他的生母便去世了，終年22歲。康熙皇帝和這位皇后感情很好，他得知此消息，萬分悲痛，在隆重治喪後，便親自承擔起了撫養這個孩子的重任，並在第二年立他為皇太子。這也是清代歷史上唯一一位皇太子。

康熙皇帝對這個兒子很寵愛，甚至到了溺愛的程度。而允礽也恃寵成驕。有一次，允礽的老師對他進行教育時，允礽生氣地說道：「將來我要是做了皇帝，第一個先殺了你！」正巧康熙皇帝從旁邊走過，這令他很失望。另外，在允礽被立爲太子之時，朝中就形成了太子黨和反太子黨兩大集團，他們互相攻擊。特別是太子黨的人很希望康熙皇帝早死，以便自己的勢力一步登天。允礽受他們的影響，開始與父皇有了矛盾。

康熙四十七年（1708），皇帝率皇子們巡視塞外，途中他和皇太子的矛盾進一步激化。特別是返京途中，康熙發現太子趁夜深人靜時在自己的大帳外巡視，並從縫隙向裡面窺視，他懷疑這是太子要謀害自己，這件事使他下決心要立即廢掉皇太子。於是，康熙皇帝召集諸王、大臣、侍衛、文武官員等，宣佈廢黜太子允礽，罪名是「不法祖德、不仁不孝」，並將太子幽禁在咸安宮。此時允礽已經35歲了。

然而，允礽畢竟是康熙親自撫養大的，而且他的母親又最受康熙的喜愛。於是，康熙四十八年（1709），皇帝準備再給允礽一次機會，重新把他立爲皇太子。但二度被立爲太子的允礽性格依然如故。後來，在康熙南巡過程中有人奏報，太子允礽與不正當人士接觸，想要強行讓康熙禪位。康熙聽後大怒，於康熙五十一年（1712）再次廢除太子，並宣佈從此不再立太子之位。果然，直到康熙皇帝死，他也沒有再立過太子，他們父子二人的矛盾到死也沒有解開。

雍正即位後，因爲他親身經歷了太子立廢、皇子紛爭之事，於是決定不再立太子，而是創立了秘密建儲制度。這個方法一直沿用到清朝滅亡。允礽也就成爲了中國歷史上最後一位太子。

85 清朝封吳三桂為平西王，為什麼他還不滿足，反而要起兵反清呢？

投降清朝的吳三桂因領清軍入關有功，被封為平西王。不久，清廷又命吳三桂剿滅李自成的餘部，剿殺反對清朝統治的明朝後裔，以及攻打南明政權。

對於這些任務，吳三桂都不遺餘力地去完成，手段也極其殘忍。最終，他攻下了南明最後一個政權—— 永歷政權，平定了雲南，並將桂王斬首。可以說，清朝在確立對全國統治的過程中，吳三桂立有大功。康熙元年（1662），吳三桂進爵親王，鎮守雲南兼轄貴州。

或許是天高皇帝遠的緣故，平西王吳三桂在雲貴地區的勢力逐漸壯大，甚至將自己變成了「土皇帝」。他越過中央政府選拔官吏，當時稱為「西選」；他用重金買通在京的大員，以便隨時向自己通報朝廷的動態，就連皇帝的一舉一動他都心知肚明；他私自開採雲貴地區的礦產以聚斂財富；他私造武器，組建了一支效忠自己的軍隊。

對於吳三桂的舉動，當時的康熙皇帝都看在眼裡，也記在心上，他開始一步一步削弱吳三桂的勢力，包括選官、領兵等權力。這使吳三桂和清朝的矛盾逐漸加深了。

後來，鎮守廣東的平南王尚可喜和鎮守福建的靖南王耿精忠都上奏皇帝請求撤藩歸老，康熙皇帝欣然同意。在形勢的逼迫下，吳三桂也假惺惺地上書朝廷，請求撤藩。康熙皇帝立即同

清康熙十七年（1678）三月初，吳三桂在衡陽稱帝，國號大周，改元昭武，同時鑄造了「昭武通寶」。「昭武通寶」是在衡陽鑄造發行的唯一古錢幣。

意，還派專使到雲南處理撤藩事宜。這個決定粉碎了吳三桂「世鎮雲南」的美夢，他本想得到皇帝挽留自己的聖旨，沒想到卻等來了讓自己搬家的詔令。氣急敗壞之下，吳三桂決定起兵反清。隨後，平南王之子尙之信、靖南王耿精忠等先後回應，史稱三藩之亂。

吳三桂以反清復明爲旗號，自稱周王、天下招討大元帥。康熙皇帝聽說吳三桂造反，大怒，下令將他留在京城當駙馬的兒子處死，以示不妥協的決心。

起初，吳三桂大軍勢如破竹，很快攻陷了湖南。他雖然打著反清復明的旗號，但其此前背叛明朝、屠殺朱家後人的舉措已經失去了人心。逐漸，他的形勢轉向不利。

1678年，吳三桂在湖南衡陽稱帝，不久在長沙病逝。他的孫子吳世璠繼承了皇位。但吳軍已失去了主心骨，清軍很快就攻下貴州，直逼昆明。城內文武官員紛紛出降，吳世璠自殺。三藩之亂以清廷的勝利而告終。

吳三桂降清又反清，是什麼原因呢？如果僅僅說他是個反復無常的小人恐怕太過簡單了。在吳三桂看來，他當初引清軍入關條件是「裂地以酬」，清廷在自己的幫助下統治全國，作爲回報給自己一塊領地，讓自己鎮守是理所應當的。但吳三桂可能沒有想到，他雖然爲清廷立下汗馬功勞，但自己畢竟是漢人，畢竟曾在明朝做過官，而且投降清朝也是不得已而爲之，這些都讓清朝統治者對其嚴加提防，一旦他在雲貴地區勢力強大，清朝必然會採取行動。兩者矛盾的激化，就造成了吳三桂的反叛。

86 雍正眞的是因篡改詔書而登上帝位的嗎？

雍正皇帝被稱爲「鐵腕」皇帝，他勇於革新，勤於理政，任用賢才，勵精圖治，在文治武功方面，都有傑出的成績。歷史上所稱的「康乾盛世」實應爲「康雍乾盛世」，只不過雍正在位時間短暫，人們才將其略去，但他承前啓後的作用確實值得大書一筆。

然而，雍正皇帝如此光環的背後卻有著一個謎團。據說當時康熙本沒有打算讓雍正繼位當皇帝，雍正是讓人篡改了父皇的詔書而登上皇位的，他在位時大殺兄弟和功臣，都與這件事有關。

這是真的嗎？關於這一問題還要從康熙晚年說起。

當時，康熙皇帝兩次廢掉了皇太子允礽，面對空著的太子之位，皇子們都垂涎欲滴，並結成黨派。不久，康熙命皇十四子允禵爲撫遠大將軍，統兵援藏，這讓人們覺得康熙是意有所鍾的。

然而，令人意想不到的是康熙在暢春園突然病逝，大臣隆科多宣佈遺詔，說立皇四子胤禛爲太子，繼皇帝位，這就是雍正皇帝。

即位後，雍正便將允禵從前線調回，永遠禁錮，還把不服從自己的兄弟監禁或殺死。更意外的是，雍正的生母烏雅氏竟然拒絕兒子爲自己上皇太后的封號。人們對這些舉動產生了疑惑，於是有了傳言說雍正串通了當時任步兵統領掌管京師兵權的隆科多，篡改了康熙的遺詔。遺詔本來是「傳位十四阿哥」，他將

雍正皇帝的異母弟果親王允禮所繪雍正皇帝像

「十」改成「于」字，變成「傳位于四阿哥」。這個理由看合理，但經不起推敲。因爲清朝詔書是由滿漢兩種文字寫成，漢語可以改，滿語改起來就不那麼容易了。再者，「于」是簡體字，古代「于」字應寫成「於」。

其實，康熙生前，胤禛非常幹練地處理了父親交給他的一些事務。另外，在皇太子允礽被廢後，眾兄弟都落井下石，只有胤禛敢爲他說話，這點得到了康熙的贊許。還有，康熙帝很喜歡胤禛的兒子弘曆，即後來的乾隆帝，他把皇位傳給胤禛，一定程度爲的就是讓弘曆將來可以做皇帝。

由此看來，康熙皇帝傳位給雍正並非不可能。但因爲其中還有一些不可解釋的謎團，雍正究竟是正常即位還是篡位，目前仍沒有明確的定論。

87 香妃真的是身體有異香嗎？

香妃（即容妃）漢裝像

乾隆皇帝和香妃的故事在民間廣泛流傳，還衍生出許多精彩的文學作品。然而遍查乾隆時期的檔案和正史，並未見有關香妃及其身世的記載，就是「香妃」這個稱呼也是清末才出現的。難道她是杜撰出來的人物嗎？

根據清末民國時期對香妃的描述，我們知道她來自新疆，因身體天然有異香，所以被稱爲香妃。根據這條線索，再查史料，我們發現乾隆皇帝一生只有一位來自新疆的妃子—— 容妃，她姓和卓氏，也稱霍卓氏，名伊帕爾罕，家族世代居住在新疆的葉爾羌，信奉伊斯蘭教。可見，後世所說的香妃應該就是乾隆的容妃，但容妃是否遍體異香，我們已經無法得知了。

乾隆二十年（1755）五月，清政府派兵平定了新疆阿睦爾撒那叛亂，解救了大小和卓兩兄弟。可是他們反而以怨報德，聚眾叛亂，反對朝廷。伊帕爾罕一家因不順從大小和卓，被迫離鄉背井，遷居到天山北側的伊犁居住。

四年後，大小和卓的叛亂被平定。伊帕爾罕的五叔、六叔、哥哥等人因配合清軍平叛有功先後被召進京城，加官晉爵。

當時27歲的伊帕爾罕也被選入宮，冊封爲和貴人。

對這位新疆維吾爾族姑娘乾隆很是喜歡，不僅賞給她大量的衣物和銀兩，而且對她的生活習慣和宗教信仰也十分尊重和關照，專門在宮中設了回族廚師。不久，和貴人晉升爲容嬪，後又升爲容妃。

如今的中南海正門—— 新華門在乾隆時期名爲寶月樓，傳說就是爲了容妃所建。鑒於容妃在宮中一直思念自己的家鄉，乾隆皇帝又在寶月樓對面建了回回營和清真寺（今北京西城區的東安福胡同一帶），使容妃登樓就可以見到家鄉的景色以慰鄉思，因此寶月樓又有望鄉樓之稱。

位於圓明園中的方外觀遺址

還有一次，容妃在圓明園中的方外觀做禮拜，乾隆帝特意爲她在大理石牆上鐫刻了《古蘭經》文。

乾隆五十三年（1788），容妃在圓明園溘然長逝，終年55歲。

其實，容妃與乾隆的婚姻是乾隆統一新疆後，實行「因俗而制」的政治需要，即政治聯姻。從此以後，新疆進入了穩定發展時期，這不能不說是乾隆帝的和親政策發揮了作用。容妃作爲這一政策的關鍵人物，在清宮中度過了28個春秋，贏得了皇帝的寵愛和信任，最後被葬入清朝的皇家陵園。可以說容妃和她的家庭爲民族團結和國家統一，做出了貢獻。

88 乾隆皇帝總結自己的一生有「十全武功」，還自封爲「十全老人」，他眞的十全十美嗎？

「十全武功」是清高宗乾隆皇帝對自己一生中十次重大軍事勝利的總結，所以他自詡爲「十全老人」，並作《御制十全記》記錄這十次軍事行動，還下令用滿、漢、蒙、藏四種文字，刻在石碑上，以示誇耀。

按乾隆帝所說，這「十全武功」是：「平準噶爾二，定回部一，打金川爲二，靖臺灣爲一，降緬甸、安南各一，即今之受廓爾喀降，合爲十。」

兩次平定準噶爾叛亂：第一次是在乾隆二十年（1755）二月，準噶爾爆發內亂，乾隆決心出兵，完成統一西北的大業。由於準噶爾執政者的統治不得人心，最終，清朝大獲全勝，可汗達瓦齊被擒。然而，兩年後，準噶爾貴族阿睦爾撒納又聚眾叛亂，清朝派大軍征討，攻勢凌厲，阿睦爾撒納兵敗。至此，清朝徹底平定西北準噶爾部，維護了國家的統一。

一次平定回部叛亂：回部首領大小和卓想脫離清朝的控制，發動叛亂，但他們的統治不得人心。1759年，在南疆人民的支持下，清軍打敗了叛軍。大小和卓之亂的平定標誌著清朝統一戰爭的完成。

兩次出兵平定大小金川：大小金川是小金沙江上游的兩個支流，位於今天的四川西北部，是藏族聚居的地區。1747年，大金

清人所繪清朝平定廓爾喀圖

川土司莎羅奔劫持小金川土司澤旺，起兵反清。1771年，大小金川再次聯合反清。這兩次起義最終都被清政府平定。戰後，清廷實行改土歸流政策，廢除了大小金川的土司制，由中央派遣官員治理，又設重兵鎮守，加強對該地區的管轄。

鎮壓臺灣林爽文起義：1787年，臺灣林爽文等人以天地會名號發動起義，第二年被清政府鎮壓。林爽文被俘，並押往北京凌遲處死。

降服緬甸：1765年，緬甸軍隊不斷對清朝的雲南邊境進行侵擾，最終爆發了清緬戰爭。清軍因水土不服，戰爭不利，損失慘重。此時，緬甸新征服的暹羅國（今泰國）同時爆發起義，爲避免腹背受敵，緬軍提出議和。

平定安南：安南是對古越南的稱呼。1789年，安南西山阮氏國三兄弟推翻安南國王黎維祁。黎維祁逃到廣西。清廷大軍護送他到安南首都復位，途中遭到阮氏軍隊的伏擊。雙方經過交戰，清軍大敗。最後，清軍要求和談，阮氏也想見好就收。最終，清朝承認阮氏爲安南新的領導者，爲表誠意，安南釋放了

600名被俘的清軍士兵。

兩次平定廓爾喀：廓爾喀即今天的尼泊爾。1788年，廓爾喀向清朝邊境發起進攻，清朝派軍反擊，得勝而歸。廓爾喀不得不與清朝議和。1792年，廓爾喀再次侵略西藏，清廷派軍鎮壓，最終使廓爾喀歸附清朝。

縱觀這十次重大軍事行動，有的是反侵略，有的是鎮壓民變，有的是平息叛亂，也有的是爲體現清朝的實力。然而這十場戰役並非完美，特別是平定安南之戰，清朝實際是失敗的。況且，這十次戰爭，耗費了國家巨大的財力，死傷了眾多的官兵。這使得乾隆後期，國家逐漸走向了衰落。自詡爲「十全武功」「十全老人」的乾隆其實並不「十全十美」。

89 乾隆皇帝85歲時身體還很硬朗，卻爲什麼選擇退位呢？

1735年，雍正皇帝去世，遺詔命皇四子弘曆繼位，這就是乾隆皇帝，當時他25歲。

乾隆皇帝最敬佩的人是自己的爺爺康熙。在他小的時候，一次，康熙讓他背誦周敦頤的《愛蓮說》，小弘曆有板有眼、一字不差地背了出來，得到了康熙的大加讚賞。還有一次，康熙帶著弘曆去打獵，康熙用火槍擊中一熊，熊倒地後毫無動靜，康熙以爲熊已經沒有威脅，便讓弘曆上前補射一箭，爲的是讓這個孩子博得「初圍獲熊」的美名。弘曆上馬後，催馬前進。不料此時大熊忽然一個翻身，直立起來，嘴裡發出一聲怒吼，直奔弘曆的坐騎撲來。眾人都驚呆了，只有康熙反應及時，舉槍便射，大熊應聲倒地。晚上回到帳中，康熙對眾人說：「弘曆這孩子

寧壽宮區是乾隆皇帝為自己退位之後準備的太上皇宮殿。全區分前朝、後寢南北兩部分。前朝以皇極殿為中心，仿乾清宮的規制，後有寧壽宮，仿坤寧宮的規制。後寢區分為東、中、西三路：東路由南至北依次為皇家內廷賞戲的暢音閣院落，清靜素雅的慶壽堂三進院落，寬闊舒展、精美雅致的景福宮，最後為梵華樓與佛日樓兩座佛樓。中線一路自南至北依次為仿養心殿規制的養性殿，仿長春園淳化軒的樂壽堂，還有頤和軒和景祺閣以穿廊連為工字殿。西路為花園區，由最南面的衍祺門進入，一共四進院落，佈局不同，各具風貌，各有一番境界。

的命真是貴重！如果他早一點催馬過去，熊起馬驚，不知道會出多大的事啊！這孩子將來福氣比我還大啊！」後來，康熙甚至將孫兒弘曆養在身邊。可見祖孫倆的感情之深。

出於尊敬之心，乾隆皇帝剛一繼位便焚香向天禱告：「若蒙眷佑，得在位六十年，即當傳位嗣子，不敢上同皇祖紀元六十一載之數。」也就是說，他希望自己能長壽，但如果做皇帝滿六十年，就主動退位，絕不能打破爺爺康熙帝統治六十一年的記錄。

乾隆皇帝果然長壽。1795年，他已是85歲高齡，在位已滿六十年，然而身體依然硬朗健碩。但他決定履行登基時的誓言，將皇位讓給自己的第十五個兒子，也就是後來的嘉慶皇帝，自己則退位當太上皇。

然而，雖然已經不做皇帝，但朝政大權依然掌握在太上皇乾隆手中，嘉慶皇帝猶如一個傀儡，事事都要向乾隆彙報。三年半後，89歲的乾隆去世，嘉慶皇帝才正式走上執掌國家之路。然而，此時的清朝已經走向下坡路了。

90 在影視劇中，和珅和紀曉嵐總是針鋒相對，互相擠兌，歷史中的這兩個人關係也這樣僵嗎？

在影視劇中，只要出現紀曉嵐與和珅的鏡頭，兩人多是在互相擠兌、互相挖苦，而最終的勝利者往往是紀曉嵐，即使是乾隆皇帝也不得不對他大加讚賞一番。這給我們留下了一個印象，就是：和珅是一個「小丑式」的人物，而紀曉嵐是一個風趣幽默、能說善辯的智者。

那麼，歷史中的這兩位清朝大員真的是這樣嗎？

紀曉嵐故居——閱微草堂內景。紀曉嵐故居位於北京市西城區珠市口西大街241號，紀曉嵐一生在這裡度過了兩個階段，分別是11歲至39歲、48歲至82歲，前後共計62年。

其實，和珅和紀曉嵐鬥智的故事大多來自於民間傳說。歷史上真實的紀曉嵐年齡比和珅大26歲，他博學多才，一生主要從事文化和教育方面的工作，有兩件事情做得最多，一是主持科舉考試，二是做總纂官編修史書。他曾兩次作鄉試考官，六次作文武會試考官；先後做過武英殿纂修官、功臣館總纂官、國史館總纂官、四庫全書館總纂官等等。

反觀和珅，卻絕不是一個小丑人物。他精通武藝，又很有學識，懂滿、漢、藏、維吾爾等語言，詩也寫得不錯，是當時少有的文武全才。

後來，和珅被任命爲國史館副總裁，第二年參與《四庫全書》的編纂，升任爲《四庫全書》總裁官。作爲總纂官的紀曉嵐，當時是歸和珅領導的。以紀曉嵐的地位，是不大可能對和珅發難的。

影視劇中將紀曉嵐描繪成「鐵齒銅牙」，甚至還敢諷刺皇帝。而歷史中他卻是個明哲保身的文化官員。他和乾隆皇帝的交流主要是寫詩、對聯、唱和而已，其中少有關心國家興亡的內容。這大概與當時的「文字獄」有關吧。

還要指出的是，史料記載，紀曉嵐一生都沒有擔任過軍機大臣之職，不能進入國家中樞參與決策，而和珅卻是軍機大臣，因此兩人很少能直接碰面，更別說同站一列了。

其實，和珅在朝中遇到的真正對手多是他在軍機處的同僚。例如領班軍機大臣大學士阿桂，他德高望重，對和珅總是很傲慢。另外還有大學士王傑，他剛直清廉，遇事堅持原則，始終與和珅保持著一定距離。還有尚書董誥，正直敢言，看不起和珅的溜鬚拍馬。他們與和珅的對立，最終在軍機處形成了一種奇怪的局面。每天上班，五位軍機大臣竟然不在一起辦公。然而這幾位軍機大臣也深得乾隆皇帝的信任，所以和珅雖然心裡不滿，表面上也要敬他們幾分。一次，和珅曾拉著老前輩王傑的手說：「大人的手真是柔軟啊。」王傑立刻將手抽回，說：「王傑手雖好，但不能摟錢！」一時讓和珅很難堪。

可見，歷史中的和珅不是小丑，紀曉嵐也不是人們想像中的全才，他們兩位地位差距很大，在中國古代講究禮制、等級的社會中，兩人互相爭鬥基本是不可能的。

91 民間有「和珅跌倒，嘉慶吃飽」一說，是因爲和珅經常動用權勢不讓嘉慶皇帝吃飯嗎？

和珅是乾隆皇帝的寵臣，他受寵的原因有不同說法。一種是說和珅一生的轉捩點發生在乾隆四十年（1775），這一年乾隆皇帝巡幸山東。乾隆喜歡乘坐一種騾子駕御的小車。有一天，剛巧和珅當差，作爲侍衛跟從騾車前行，於是有了君臣二人下面的一段對話：

乾隆皇帝問和珅：「你是什麼出身啊？」

和珅因曾在咸安宮官學就讀，便回答說：「文員。」

皇帝又問：「是否參加過科舉考試？」

和珅回答：「曾經參加庚寅年（1768）的科考。」

皇帝追問：「當年考試的題目是什麼？」

和珅回答：「是《論語》中的《孟公綽》一節。」

「能否背誦下來當年你在考試之時所寫的文章？」

於是和珅隨行隨背。乾隆皇帝聽後大爲高興，對和珅說：「你的文章也是可以考中舉人的。」

從此，和珅開始受到乾隆皇帝的關注、喜愛，直至成爲皇帝面前的「大紅人」。

乾隆後期，專制皇權統治已經十分腐朽，官吏貪贓枉法盛行。大官勒索小官，小官敲詐百姓。和珅則更是依仗皇帝的寵幸和軍機大臣、尚書、大學士的官位斂財。由於他善於揣摸和迎合乾隆皇帝心意，因此即使皇帝知道他貪，也是睜一隻眼閉一隻眼，得過且過。和珅甚至還與乾隆皇帝攀上了親家，他的兒子娶了乾隆的女兒。

乾隆六十年（1795），乾隆皇帝將皇位讓給兒子嘉慶帝，自己當了太上皇。嘉慶皇帝早就對和珅的行爲不滿了，但是因爲有太上皇在，他還不敢輕舉妄動。

四年後，乾隆死了，嘉慶帝正式掌握了朝政大權。掌權的第五天，他就宣佈和珅的二十大罪狀，將其逮捕入獄，不久，便賜和珅自盡，並查抄了他的家產。

查抄的結果令嘉慶皇帝吃驚：和珅的家產共有田地八千多頃，當鋪七十五座，另有許多銀號、古玩鋪、房產等，還有大量金銀珠寶、古玩器具，整個家產折合成白銀有八億兩之

聖製平定臺灣詠大埔林之戰詩
諸羅圍解廹南通斗六門當所必攻不與暇因操勝
計破其堅乃易成功路經三埔皆酣戰賊擁千羣尚
肆訌大膊大鞣消頃刻雄風何異捲飛蓬賜凱旋持
軍福康安
參贊海蘭察等
宴即席成句 西域金川宴紫光臺灣凱席值山莊
敢稱七德七功就戒滿持盈增惕永安民和衆繫懷
長養年歸政應非遠
臣和珅敬書

和珅書法作品。和珅受到乾隆皇帝的賞識和寵幸一方面是因為他善於揣摩和迎合皇帝，另一方面也與他的才華和能力有關。和珅通曉滿、漢、蒙、藏等多種文字，在書法、詩文上也有很高的造詣，據說他的書法和乾隆相似到了可以以假亂真的程度。

多。當時清政府每年的財政收入大約七千萬兩，他一個人的家產相當於朝廷十餘年的總收入。

嘉慶帝把抄沒的一部分財產賞賜給自己的親信和大臣，剩下的則據爲己有。所以民間流傳著「和珅跌倒，嘉慶吃飽」的民謠。

可惜的是，嘉慶皇帝並沒有將抄沒的錢財用到實處，而是繼續閉關自守，盲目自大，導致了清朝國力的日益衰退。

92 嘉慶皇帝先後兩次遇刺，他怎麼這麼背？

1795年，84歲的乾隆皇帝將皇位禪讓給了他的第十五子顒琰，這就是嘉慶皇帝。

北京故宮隆宗門匾額上的箭頭，據說這是當年天理教徒攻入紫禁城時留下的。

嘉慶雖然當了皇帝，但朝政大權仍掌握在乾隆的手裡。四年後，太上皇乾隆去世，嘉慶正式掌權。他以迅雷不及掩耳之勢除掉了乾隆的寵臣和珅及其黨羽，令滿朝文武爲之一振。就在大臣們期待這位新皇帝的新作爲時，不幸的事發生了。

一次，嘉慶帝從圓明園還宮，突然遇到刺客。但刺客慢了一步，舉刀行刺時，嘉慶的轎子已進入宮門。刺客被當場擒拿，嘉慶皇帝當即下令讓軍機大臣會同刑部嚴審。

刺客叫陳德，他供認說自己家境貧寒，想自殺了事，但又不想默默死去，於是想到了刺殺皇上，以揚名天下，並無主謀。

此時，嘉慶皇帝想，自己唯一的仇人就是四年前被賜死的和珅，和珅在朝中的黨羽很多，牽涉很廣，當時並沒有徹底整肅。如今與和珅案有牽連的一批官員，很擔心此次行刺會牽涉自己，於是人心惶惶。嘉慶感到，再審下去，一定會影響政局的穩定，因此他命令結案。最終陳德被凌遲處死，他的兩個兒子同時被殺。

就在這次刺殺十年之後，又發生了天理教徒進攻紫禁城的事件。當時，北京周邊的天理教徒七十多人，在農民領袖林清的領導下，進攻紫禁城。他們衝向皇宮，一支由東華門攻入，一支由西華門攻入，並在隆宗門附近與清軍展開激戰。正在上書房讀書的皇次子旻寧，得知事變後，立即上陣，在養心門外西牆上，用鳥槍射死幾名起義者，並且指揮清軍作戰。

最終，起義者因寡不敵眾，全部被擒。嘉慶當時出去圍獵，恰巧不在宮中。當他接到奏報後，也驚出一身冷汗。

有一種說法認為當年的刺客陳德也是天理教信徒，看來兩件刺殺案還是有關係的。

正史記載，清代皇帝中只有嘉慶遇到過刺客，而且還是兩次。所幸的是第一次有驚無險，第二次他不在宮中。這兩起事件，有個共同問題，為什麼刺客可以這麼輕易接近皇帝所在的區域？這反映了當時守衛紫禁城官兵的怠忽職守，執勤的士兵們竟然因為武器笨重，沒有隨身攜帶。

天理教事件後，嘉慶皇帝頒佈了《罪己詔》，而且重罰了失職的官吏，但這並不能扭轉清朝的衰勢。嘉慶皇帝的「背」，真實地反映出了清朝的衰落和社會矛盾的激化。

93 據說道光皇帝很節儉，竟然穿著帶補丁的衣服上朝，這是真的嗎？

道光皇帝是一位勵精圖治的皇帝。他一即位，就認識到官員腐敗、財政拮据這些社會問題。

對此，道光皇帝力倡儉樸，他規定宮中每年開支不得超過二十萬兩白銀，比起每天開支將近一千兩的慈禧太后來，他真是太節儉了。

道光皇帝還帶頭節約開支。史料記載：他的褲子膝蓋處破了，捨不得扔，命人織補。但內務府認爲皇帝的衣服如果補得像老百姓的那樣補丁落補丁，是不成體統的，於是請了高級裁縫師，用了上等綢緞數十匹，再加上內務府虛報數字，皇帝補個褲子，居然花掉了四百兩銀子。沒想到道光皇帝的節約措施到了底下執行者那裡竟成了一個中飽私囊的工具，可見當時社

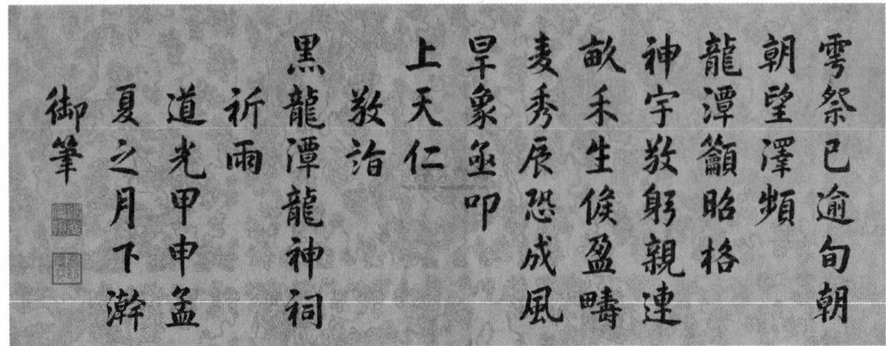

道光皇帝所書《黑龍潭祈雨詩》。內容為：「雩祭已逾旬，朝朝望澤頻。龍潭籲昭格，神宇敬躬親。連畝禾生俟，盈疇麥秀辰。恐成風旱象，亟叩上天仁。敬諧：黑龍潭龍神祠祈雨。道光甲申孟夏之月下澣，御筆。」下鈐二印，上為「道光宸翰」，下為「虛心實行」。

會風氣的敗壞。

道光皇帝在生活的細節上也很節儉。他每天下午四點前後打發太監出宮買燒餅，買回來的燒餅有時已經涼了，而且很硬，道光皇帝也不在乎，沏上一壺熱茶，啃完燒餅，天黑了就睡覺，連燈都不點。

有時道光皇帝召見大臣討論軍機戰事，到了飯點，就擺上桌子，請大臣們吃晚飯。可是每餐連菜帶主食從不超過五樣，還以素食為主。

據說，有一次道光皇帝穿著帶補丁的衣服參加朝會，大臣們見了，紛紛去買舊衣服，以便上朝時穿。一時間京城裡舊衣服比新衣服賣得還貴，但下朝回家後大臣們就把舊衣服一脫，照樣過著窮奢極欲的生活。

道光的確節儉，卻挽回不了清朝頹敗的局勢。來自東南海上的鴉片流毒使他寢食不安。他想嚴厲禁煙，也曾下決心抗擊英國侵略者，但他根本不瞭解對手，不知道英軍堅船利炮的威力，甚至不知道英國來自何方。他依然固守著幾千年來中國的舊制度不知變革。最終，清朝在第一次鴉片戰爭中被英國打敗，簽訂了中國近代史上第一個不平等條約——《南京條約》。

面對這一結果，道光的心裡一定很委曲。但他不明白，統治者稱不稱職，不在於他穿不穿帶補丁的衣服，更不在於他吃什麼，而在於他能否力主改革，讓國家和民族走向繁榮富強。

94 林則徐究竟做了什麼事而被稱爲「開眼看世界」的第一人？

19世紀上半葉，爲扭轉貿易逆差，英國開始向中國大量輸出鴉片。鴉片不僅造成中國的白銀外流，更使許多中國人日漸墮落，變成了「大煙鬼」。

當時的湖廣總督林則徐在他管轄的湖南湖北兩省採取了有效的禁煙措施，有力地打擊了煙販。後來，他和主張禁煙的官僚們一起上書道光皇帝，歷數鴉片的危害，他說：「如果不禁鴉片，將來國家沒有健康的人可以打仗，也將沒錢去維持財政開支。」道光皇帝深感震動，立即任命林則徐爲欽差大臣到廣東主持禁煙。

到達廣東後，林則徐立刻採取行動，他通知外國商人在三天內將所存鴉片全部上繳，同時扣留可疑英國商船。

1839年，廣州城門旁張貼出一張大佈告，內容是：「欽差大臣林則徐，遵皇上御旨，於6月3日在虎門灘將收繳的洋人鴉片當眾銷毀，沿海居民和在廣州的外國人，可前往觀瞻……」

在虎門海灘，林則徐招集民夫用生石灰浸泡的辦法銷毀鴉片，這就是著名的「虎門銷煙」。

他還正告英國商人：「現在你們都看到了，天朝嚴令禁煙。希望你們回去以後，轉告各國商人，從此專做正當生意，不要再違犯天朝禁令。」

虎門銷煙嚴重影響了英國在華利益。他們於1840年悍然發動了鴉片戰爭。林則徐認真準備了嚴密的海防措施，他相信民心可用，於是從沿海村莊的百姓中間招募水勇，組織起來加以訓練。英國人知道林則徐已有準備，便北上攻擊海防空虛的地區，並揮師一直打到天津，震懾北京。道光帝得知此情況，焦躁不安，他能想到的就是趕緊求和。爲討好英國，他以林則徐禁煙不力爲名將其革職。

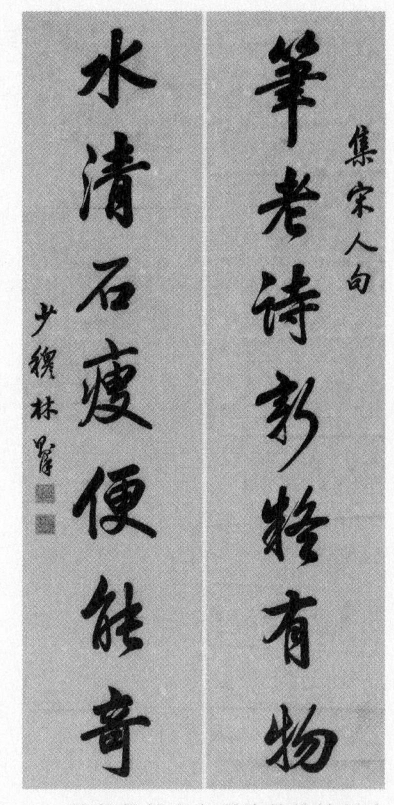

清朝思想家和民族英雄林則徐的書法獨具一格，有人評價其書法作品「出入歐、董，尤長小楷，為世所重」。

1841年7月14日，林則徐踏上了發配伊犁之路。在路上，他奮筆疾書，寫下了「苟利國家生死以，豈因禍福避趨之」的詩句。這是他愛國情感的抒發，也是他性情人格的寫照。

道光時期的清朝，由於長期閉關鎖國，皇帝和大臣們根本不知道世界發生了巨變，什麼工業革命，什麼堅船利炮，在於他們完全是陌生詞彙，甚至連英國和美國是兩個不同國家都不知道。這些人還在自命不凡，爲自己古老的文明而沾沾自喜。在這樣的情勢下，欽差大臣林則徐組織人員從澳門購買外文書報，並翻譯成漢語，用來幫助人們瞭解世界。他還讓幕僚把英國人慕瑞所著的《世界地理大全》翻譯出來，親自加以潤色、編輯，寫成《四洲志》一書。此書簡要敘述了世界四大洲（亞洲、歐洲、非洲、美洲）三十多個國家的地理、歷史和政治狀況，是近代中國第一部相對完整、比較系統的地理志書，具有開風氣之先的作用，而作者林則徐也因此被後人稱爲「開始睜開眼看世界的第一人」。

另外，值得一提的是，林則徐也是最早提出建立近代海軍的官員之一，他通過一位美國人購買了英國商船「甘米力治」號，並將其改裝成一艘34門英製大炮的戰船，它可以稱得上是中國海軍最早的軍艦。

95 近代中國最早官派留學生是在什麼時候？

19世紀70年代，晚清重臣曾國藩、李鴻章、左宗棠等人宣導發起了「師夷長技以自強」的洋務運動，希望利用西方的科學文化知識挽救垂死的清王朝。

爲了達到這個目的，清政府決定派遣留學生赴美國學習深造。當時的規畫是：訪選各省聰穎幼童，每年選30名，四年共120名，分批搭船赴洋留學，15年後，按年分批回國。

於是，從1872年到1875年，清政府先後派出了四批赴美留學生，這批學生赴美時的平均年齡只有12歲，因此，他們有著一個共同的名字叫「留美幼童」。這批「留美幼童」也成爲近代中國歷史上最早的官派留學生。

從當時的報名情況看，願意去美國深造的學生很少。在負責此事的容閎等人的勸說和動員下，一些出身普通知識份子家庭的家長不得已才讓孩子去。至於貴族官宦、富商巨賈人家是捨不得把孩子送去那麼遠的地方的，他們甚至認爲美國是蠻夷之地，不能將孩子送入虎口。另外，願意赴美留學的孩子，其父親要和政府簽定生死文書，孩子「倘有疾病，生死各安天命」。這在一定程度上也使一些家庭畏懼不前。

這批學童被送到美國後，就開始了長達15年的留學生活。

清朝第一批留美幼童合影

他們被安排到了美國東北部新英格蘭地區的居民家中。或許是因爲年齡小的緣故，他們的適應能力極強，英語學得極快，而且還成爲各個學校的優等生。

可是，隨著美國文化、政治制度和社會習俗潛移默化地進入這批小留學生的頭腦，他們開始悄悄地剪掉辮子，脫去長袍馬褂，換上西裝，閱讀他們喜歡的哲學、歷史、政治甚至小說等書籍。這些出格的行爲很快被清政府的監督員上報給朝廷。清朝的統治者是絕不會容忍自己的臣民有違背祖宗禮法的行爲的。於是，1881年夏，清政府要求全部留美學生回國。

當時，已有半數的留美學生開始了他們的大學學業，有些甚至進入了哈佛大學、耶魯大學、哥倫比亞大學、麻省理工學院等名校，還受到美國總統格蘭特的接見。

李鴻章上奏請求清政府允許已經上大學的留學生讀完再回國。但由於多種原因，最終只有詹天佑和蔡紹基得以學成畢業，拿到學位。詹天佑正是中國第一位鐵路工程師，蔡紹基則成爲「留美幼童」中的第一位大學校長—— 天津北洋大學校長。

第一批幼童留美教育雖然夭折了，但他們當中不乏人才幹將，日後成爲了礦業、鐵路業、電報業的先驅。

96 戊戌變法是清朝向近代化國家轉型的改革，它爲什麼只推行了103天就失敗了呢？

1895年，中日甲午戰爭清朝戰敗，被迫與日本簽訂了《馬關條約》。消息傳到北京，康有爲和他的學生梁啓超聯合在京城參加會試的舉人上書光緒皇帝，要求變法革新。

此後，康有爲等維新派人士在全國各地組織學會，辦報、辦刊物，宣傳變法思想。

1898年，康有爲從廣州來到北京，第五次向光緒皇帝上書，陳述全面的改革方案。光緒皇帝親自召見康有爲，兩人深談很久。到了6月11日，光緒帝正式下詔宣佈變法。他一連下了幾十道新政命令，對於專制皇權下的政治、經濟、文化、教育等各方面實行改革。

位於中南海南海中的瀛臺。始建於明朝，清朝順治、康熙年間曾兩次修建，是帝王、後妃的聽政、避暑和居住地。因其四面臨水，襯以亭臺樓閣，像座海中仙島，因而得名。戊戌變法失敗後，光緒皇帝曾被囚禁於此。

經濟方面，在中央設立礦務鐵路總局、農工商總局，各省設立商務局，提倡成立農會商會等民間團體，保護獎勵農工商業。

政治方面，鼓勵私人辦報，給予一定的言論、出版自由。裁撤無用的衙門和官員。

文化教育方面，廢八股文，改革考試制度，在北京設立大學堂，各地設立中小學堂。

軍事方面，訓練新式的海陸軍。

這些改革措施引起了全國的震動。許多想通過科舉做官的讀書人大加反對，那些被裁撤的衙門中的大小官吏當然更是對新政大加聲討。於是，各種守舊勢力聯合起來開始反對變法運動。

終於，在9月21日，以慈禧太后爲首的頑固派發動政變，廢除了新政法令，將光緒皇帝囚禁，捕殺了一批維新人士。

這場變法運動從開始到廢除僅僅103天，所以又稱爲百日維新。從它的內容上看，這次改革力圖挽救國家危機，使中國跟上世界的腳步。然而，這樣一場順應時代潮流的改革爲什麼最終會失敗呢？

最主要的原因是當時守舊勢力太強大了。光緒皇帝雖然親政，但慈禧太后才是真正的掌權人，加之朝中大臣多爲慈禧太后的耳目。維新派把希望寄託在這樣一個沒有實權的皇帝身上，自然沒有什麼作爲。

其次，維新派人士本身局限性也很大。他們多爲讀書人，沒有實踐經驗，又缺乏廣大民眾的支持和聲援。所以，一旦守舊勢力反撲，他們只能束手就擒。

第三，維新派在輿論宣傳上採用了過激的言辭和一意孤行、感情用事的做法。他們竟然要求裁撤以六部為代表的傳統官僚機構。當頑固派官僚榮祿問怎麼能推行變法時，康有為竟然口無遮攔地提出「殺二三品以上阻撓新法大臣一二人則新法行矣」。誰反對殺誰，這種幼稚、非理性的策略只能減少維新派的同情者和支持者。

正是由於這些原因，戊戌變法最終成為曇花一現。

97 戊戌變法失敗以後，爲什麼譚嗣同有機會逃走卻選擇留在家中等待被捕？

甲午戰爭以後，民族危機加深，譚嗣同像許多愛國知識份子一樣，積極爲變法圖存做宣傳。他在家鄉湖南瀏陽辦學會，集合青年知識份子宣傳變法的思想。1897年，他創作了《仁學》一書。書中，他尖銳地抨擊了君主專制統治和依附於專制統治的倫理道德，主張通過君主立憲的改良手段發展經濟。同年，他和梁啓超等共同創辦「時務學堂」，宣傳政治改革。

1898年8月21日，譚嗣同抵達北京，積極參與維新變法，光

位於湖南瀏陽的譚嗣同故居。故居為明朝末年祠宇建築，譚嗣同的祖父譚學琴買下後作為私第，並改造成庭院式民宅建築。

緒下詔授予他四品「軍機章京」的官職。

然而，戊戌變法很快被守舊勢力所阻。失敗前夕，光緒皇帝已經被慈禧太后控制，情況危急。一天晚上，譚嗣同秘密造訪掌握著新建陸軍的袁世凱，希望他能夠以武力救出光緒。袁世凱表面上答應了，但譚嗣同一走，他就向慈禧太后的親信榮祿告密。譚嗣同的計畫徹底失敗。

9月20日清早，維新派領袖康有為提前得到消息，上了去天津的火車，在英國人的幫助下逃往上海。康有為剛離開住所不久，清朝官軍就逮捕了他的弟弟康廣仁。與此同時，梁啓超也得到消息，躲到了日本公使館。

9月21日，慈禧太后發動政變，囚禁了光緒皇帝，宣佈繼續臨朝「訓政」，同時下令逮捕維新派志士。譚嗣同聽到消息後並不驚慌，他不顧個人安危，仍在籌畫如何營救光緒。他聯絡身懷絕技的武林英雄大刀王五，希望得到他的幫助。王五表示：救皇帝力量不夠，但可以保譚嗣同衝出京城。而譚嗣同決心以死來殉變法事業，他拒絕了王五的好意。在這之前，梁啓超曾約他一同到日本公使館躲一躲，譚嗣同執意不肯。他說：「不有行者，無以圖將來；不有死者，無以酬聖主。」表示要以死報答光緒皇帝的知遇之恩。

後來，日本使館親自派人與譚嗣同聯繫，表示可以給他提供保護，他也婉言謝絕了，還說：「各國變法無不從流血而成，今日中國未聞有因變法而流血者，此國之所以不昌也。有之，請自嗣同始。」意思是他要成為變法流血犧牲的第一人。

9月24日，譚嗣同被捕。他在獄中寫下了著名的七言絕句：「望門投止思張儉，忍死須臾待杜根。我自橫刀向天笑，去留肝膽兩昆侖。」

9月28日，譚嗣同就義於北京宣武門外菜市口刑場。被問斬時，刑場上圍觀百姓有上萬人。譚嗣同神色自若，充分表現了一位愛國志士捨身報國的英雄氣概。

譚嗣同有出逃的機會卻選擇英勇就義，是為了激勵後人為改革事業獻身。另外，光緒皇帝因為支持變法而被囚禁，他要以死報答皇帝的恩情。

98 據說晚清名士梁啟超兩次遭到掌摑，這是眞的嗎？

梁啓超是戊戌變法的領袖之一，他參與了中國從舊社會向現代社會變革的一系列社會活動，且學識淵博。他的文章視角獨特，發人深思，啓蒙思想。

正是這樣一位令人尊敬的人物，據說曾遭到兩次掌摑，這是真的嗎？

第一次掌摑事件發生在1895年中日甲午戰爭後。清政府戰敗，被迫與日本簽訂了《馬關條約》。對此，康有爲和他的學生

位於天津的梁啟超書齋——飲冰室。飲冰室建於1924年，首層為書房，二層是臥室和會客室。梁啟超晚年的著述均在此完成。

梁啓超領導了「公車上書」運動，要求變法革新，兩人也因此而名聲大噪。他們還創辦了《時務報》宣傳變法思想。

不久，青年學者章太炎就寫信給康有爲，要求加入他在上海創辦的強學會。其間，章太炎認識了梁啓超，彼此感覺相見恨晚。然而，在章太炎擔任《時務報》編輯時，寫了激進的反清文章要求刊登，康有爲主張改革，不主張推翻清朝統治，梁啓超則秉承師意拒不發表此文，章太炎很生氣。

後來，康有爲將孔子比作素王，給自己取名叫「長素」，也就是說自己比孔子還厲害。他門下的弟子們則取名超回、勝參等，意思是水準超過了孔子的弟子顏回、曾參。章太炎對此很不滿。

有一次，章太炎喝多了，對康有爲的弟子們說：「所謂長素奈何以衣冠拜索虜？」這句話裡的「衣冠」指漢人；「索虜」指清朝統治者。他還激烈地指責康有爲對清朝卑躬屈膝。梁啓超知道了此事，就帶著幾個人找章太炎理論。章太炎十分憤怒，抓住梁啓超的衣服，打了他兩記耳光，發誓從此不再與他做朋友。

這段故事據後來學者考證，是康有爲的門生因不滿章太炎對老師的攻擊打了章太炎，梁啓超被掌摑只是傳聞。

第三次掌摑事件發生在戊戌變法失敗後。梁啓超追隨康有爲逃到日本避難，恰好孫中山也在日本。孫中山認爲康、梁是被清朝迫害的人物，便約見他們，想聯手搞革命。但康、梁堅持君主立憲，他們將孫中山看作是亂黨，拒絕合作。

然而，隨著孫中山在日本華人中影響的日益壯大，康有爲開始讓梁啓超約見孫中山，想勸他放棄革命的主張而加入立憲的隊伍。一天，梁啓超將孫中山、陳少白等人帶到立憲派總部，擺出香案，並拿出光緒皇帝的衣帶詔要孫中山等人叩拜。孫中山是主張推翻清朝的，所以斷然拒絕了。孫中山一行轉身要走，梁啓超急忙上前阻攔，陳少白大怒，一把抓住梁啓超的衣領，打了他一記耳光。

值得一提的是，梁啓超對立憲和革命的態度並非一成不變的，當實現社會轉型的方法有兩個選項時，他選擇了立憲。但當革命成功，建立了民國，他便站在了革命派一方。但他的老師康有爲卻堅持君主立憲，後來還聯合張勳搞了個復辟帝制的鬧劇。爲此，他們師生不惜反目。

99 中國最早的國家銀行開辦於什麼時候？叫什麼名字？

光緒三十一年（1905），中國發生了兩件大事，一件是歷經1300多年的科舉制度被廢除了；另一件則是清政府設立了「戶部銀行」，這是中國最早由官方開辦的國家銀行，目的在於整頓幣制，推行紙幣，以救助當時困窘的財政。

戶部銀行設總辦和副總辦各一人，總行設在北京西交民巷27號院。

其實，在前一年，也就是1904年初，戶部大臣就向皇帝上奏請求創辦國家銀行，奏章中說：「目前正當整頓幣制的時期，特別需要設立國家銀行以作為推動力。我們再三商量，並參閱其他各國銀行章程，準備由戶部設立，立即組建。」不久，戶部就

1908年大清銀行第一次會議官商合影

將擬訂的銀行章程呈給皇帝定奪，朝廷很快批准了。於是就有了次年戶部銀行成立之事。

到了1908年，清朝官制改革，戶部改成度支部，「戶部銀行」也改稱爲「大清銀行」。大清銀行在上海、天津、漢口等地設立了二十家分行，它的性質是股份有限公司，資本一千萬兩白銀，分爲十萬股，分別由國家和私人各認購五萬股。

辛亥革命爆發後，中華民國臨時政府在南京成立，吳鼎昌、宋漢章等人向臨時大總統孫中山建議，請求將大清銀行改組爲中國銀行。獲准後，1912年2月5日中國銀行在上海漢口路3號大清銀行的舊址上開始營業，從此大清銀行進入了歷史。

這裡順便說一下，在戶部銀行成立以前，即光緒二十三年（1897），在上海還成立了一個中國通商銀行，簡稱「通商銀行」。它是由當時督辦全國鐵路事務大臣盛宣懷奏准後建立的，是中國人自辦的第一家銀行，也是上海最早開設的華資銀行。

通商銀行成立之初，清廷即授予其發行銀元、銀兩兩種鈔票的特權，並在民間使用。於是，在當時的中國才有了本國發行的紙幣與外商銀行發行的紙幣分庭抗禮的局面，金融大權也不再被外商銀行所把持了。

100 中國第一首法定的國歌出現在什麼時候？叫什麼名字？

中國第一首法定國歌頒佈於清宣統三年八月十三日，西曆1911年10月4日，名字叫《鞏金甌》。鞏是鞏固的意思。金甌就是金子做的盆，在中國古代比喻疆土的完整堅固，也泛指國土，所以歌名的意思就是鞏固清王朝的萬里江山。但滑稽的是，這首國歌頒佈六天後武昌起義就爆發了，清朝也隨之滅亡。因此，後世人們稱之爲「喪曲」。

其實，早在光緒三十二年（1906）清朝陸軍部成立時，譜制了一首陸軍軍歌《頌龍旗》，並將它暫定爲清朝國歌，也就是代國歌。

後來，清朝駐英大使曾紀澤，也就是曾國藩的兒子看到西方國家在公共禮儀場合演奏國歌，大爲感動。出於當時的形勢和愛國之心，他覺得清朝也應該有本國的國歌，因此特地上奏了一份《國樂草案》，但未得到朝廷的批准。

幾年後，曾到日本考察過音樂的禮部官員曹廣權鑒於各國都有「專定國樂」，便上呈擬訂國樂的辦法。當時宣統皇帝溥儀年幼，由其父載灃攝政。載灃同意並批覆說：「要請通才及研習音樂的人員，參酌古今中外樂制，詳慎審訂，編制專章。」

得到回覆後，典禮院便開始了國樂的制定工作。他們參考了由駐外使節提供的英國（《天佑吾王》）、美國（《星條旗》）、法國（《馬賽曲》）、德國（《萬歲勝

利者的桂冠》）、俄國（《天佑沙皇》）、日本（《君之代》）等國國歌。最終由清政府海軍部參謀官、近代

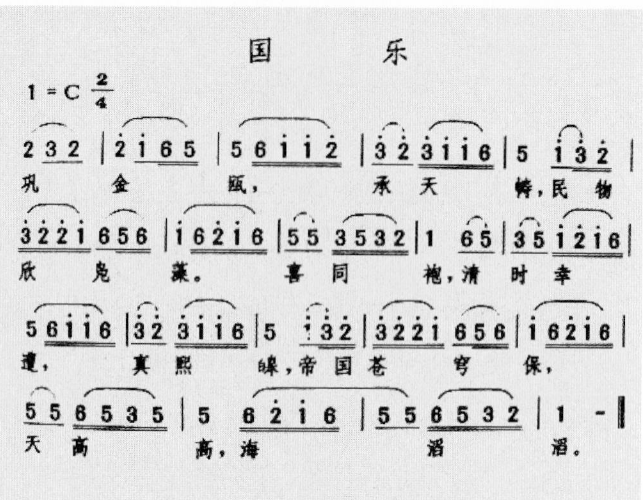

清朝國樂《鞏金甌》的簡譜

著名思想家嚴復作詞，禁衛軍軍官、皇室成員傅侗編曲，作成《鞏金甌》，曲譜旋律來自康熙、乾隆年間的宮廷曲調。

需要指出的是，這首國歌清廷只稱呼其爲「國樂」，沒有定具體的歌名，後來是仿照《詩經》的取名方式用首句「鞏金甌」當作歌名。歌詞如下：

鞏金甌，承天幬，民物欣鳧藻，喜戰友，清時幸遭。真熙皞，帝國蒼穹保，天高高，海滔滔。

翻譯成白話，大意是：國土如金甌鞏固，受天庇護。民眾萬物如野鴨嬉於水藻般欣悅，喜見這志同道合的景象，有幸遇上這太平時世，真是和樂自得。帝國蒙上蒼保佑。青天高高在上，大海翻騰不息。

後來，嚴復又將歌詞譯成了英文。

國家圖書館出版品預行編目資料

中華文化小百科（一）華夏歷史／ 薛 斐編著.--初版.
-- 臺北市 ： 華品文創，2015.06
256 面 ； 17×23 公分
ISBN 978-986-87808-8-0（平裝）

1.中國文化 2.通俗作品

541.262 104009978

華品文創出版股份有限公司
Chinese Creation Publishing Co.,Ltd.

中華文化小百科（一）華夏歷史

編　　著：薛 斐
總 經 理：王承惠
總 編 輯：陳秋玲
財 務 長：江美慧
印務統籌：張傳財
美術設計：張蕙而
出 版 者：華品文創出版股份有限公司
地址：100台北市中正區重慶南路一段57號13樓之1
讀者服務專線：(02)2331-7103 (02)2331-8030
讀者服務傳真：(02)2331-6735
E-mail：service.ccpc@msa.hinet.net
部落格：http://blog.udn.com/CCPC
總 經 銷：大和書報圖書股份有限公司
地址：242新北市新莊區五工五路2號
電話：(02)8990-2588
傳真：(02)2299-7900
網址：http://www.dai-ho.com.tw/
印　　刷：卡樂彩色製版印刷有限公司
初版一刷：2015年6月
定價：平裝新台幣320元
ISBN：978-986-87808-8-0

本書中文繁體字版由中華書局(北京)授權出版